Questo libro è protetto da copyright

Informazioni legali

© 2023
Autore ed editore: M.Eng. Johannes Wild
A94689H39927F
E-mail: 3dtech@gmx.de

L'impronta completa del libro si trova nelle ultime pagine!

Questo lavoro è protetto da copyright

L'opera, comprese le sue parti, è protetta da copyright. Qualsiasi uso al di fuori degli stretti limiti della legge sul copyright non è permesso senza il consenso dell'autore. Questo si applica in particolare alla riproduzione elettronica o di altro tipo, alla traduzione, alla distribuzione e alla messa a disposizione del pubblico. Nessuna parte del lavoro può essere riprodotta, elaborata o distribuita senza il permesso scritto dell'autore!

Tutte le informazioni contenute in questo libro sono state compilate al meglio delle nostre conoscenze e accuratamente controllate. Tuttavia, l'editore e l'autore non garantiscono l'attualità, l'accuratezza, la completezza e la qualità delle informazioni fornite. Questo libro è solo a scopo educativo e non costituisce una raccomandazione di azione. L'uso di questo libro e l'implementazione delle informazioni in esso contenute è espressamente a rischio dell'utente. In particolare, nessuna garanzia o responsabilità viene data per danni di natura materiale o immateriale da parte dell'autore e dell'editore per l'uso o il non uso delle informazioni in questo libro. Questo libro non pretende di essere completo o privo di errori. Le rivendicazioni legali e le richieste di risarcimento danni sono escluse. Gli operatori dei rispettivi siti web sono esclusivamente responsabili dei contenuti dei siti web stampati in questo libro. L'editore e l'autore non hanno alcuna influenza sul design e sui contenuti dei siti internet di terzi. L'editore e l'autore prendono quindi le distanze da tutti i contenuti esterni. Al momento dell'uso, nessun contenuto illegale era presente sui siti web. I marchi e i nomi comuni citati in questo libro rimangono di proprietà esclusiva del rispettivo autore o titolare dei diritti.

Indice dei contenuti

Capitolo 1 | Introduzione

Grazie mille per aver scelto questo libro!

Attenzione: se non hai conoscenze precedenti di "Tinkercad", devi prima leggere il libro di base "Tinkercad | passo dopo passo". Ulteriori informazioni si trovano nelle ultime pagine di questo libro. Il funzionamento generale di "Tinkercad" viene ripetuto solo brevemente all'inizio di questo libro.

Se vuoi imparare a creare modelli 3D con il programma molto versatile e gratuito "Tinkercad", allora questo libro è perfetto per te! Sono un ingegnere (M.Eng.) e vorrei mostrarti in modo semplice come progettare parti in "Tinkercad".

In questo libro creeremo insieme quattro fantastici modelli, passo dopo passo. Imparerai a utilizzare le singole funzioni di "Tinkercad" e a costruire un modello 3D con esso. Con "Tinkercad", oltre a progettare oggetti 3D, puoi anche progettare circuiti elettronici e imparare a programmarli. Tuttavia, questo libro si occupa esclusivamente della costruzione di modelli 3D con "Tinkercad". Se sei interessato anche all'elettronica e alla programmazione, dai un'occhiata al libro "Progetti Arduino con Tinkercad". Puoi trovare maggiori dettagli nelle ultime pagine di questo libro.

Questo libro ti offre un'introduzione facile da capire e strutturata in modo intuitivo alla progettazione 3D con "Tinkercad"! Non importa che età tu abbia, se vai ancora a scuola, se sei già adulto, se sei uno studente o un pensionato. Il software è fantastico e può essere utilizzato da qualsiasi fascia d'età.

Dopo una breve introduzione generale alla costruzione con "Tinkercad", impareremo a conoscere le grandi possibilità di "Tinkercad" passo dopo passo e in dettaglio grazie a quattro progetti pratici di esempio con innumerevoli illustrazioni. Questo libro di base è rivolto soprattutto a tutti coloro che hanno poche o nessuna conoscenza precedente nella costruzione di modelli 3D con il software "Tinkercad" di "Autodesk".

Capitolo 2 | Utilizzo dell'area CAD di "Tinkercad"

Prima di iniziare con i progetti CAD, in questo capitolo troverai una breve introduzione all'uso del programma "Tinkercad". Se hai già letto il mio libro di base "Tinkercad | passo dopo passo", puoi scorrere questo capitolo o saltarlo direttamente. Chi non ha conoscenze precedenti di "Tinkercad" dovrebbe assolutamente leggere questo capitolo. Questo capitolo è utile anche se non hai progettato nulla in "Tinkercad" per un po' di tempo.

2.1 Cos'è "Tinkercad"?

Come forse già saprai, "Tinkercad" è una piattaforma online dell'azienda "Autodesk" dove puoi realizzare progetti di natura tecnica. Il termine "Tinkercad" contiene già l'abbreviazione CAD, che sta per "Computer Aided Design". Il software CAD può essere utilizzato per creare modelli e oggetti 3D. Il termine "Tinker" è inglese e significa qualcosa come armeggiare o smanettare. I modelli 3D che puoi creare con "Tinkercad" possono anche essere stampati con una stampante 3D, ad esempio per trasformarli in oggetti reali. Con "Tinkercad" puoi non solo costruire, ma anche progettare e persino programmare circuiti elettronici. In questo corso, tuttavia, ci occuperemo esclusivamente della costruzione di modelli 3D.

Poiché "Tinkercad" è un software online, non puoi e non devi scaricare nulla, ma semplicemente lavorare nel tuo browser internet preferito. Tutti i progetti sono archiviati nel cloud, quindi puoi accedervi da qualsiasi luogo con un computer, un cellulare o un tablet tramite internet. Esiste anche una funzione che ti permette di esportare i modelli 3D nel formato desiderato (ad esempio "stl" o "obj").

"Tinkercad" può essere utilizzato gratuitamente. Il gruppo target di "Tinkercad" è costituito principalmente da bambini e ragazzi. A mio parere, però, il programma è molto adatto anche agli adulti, soprattutto se sei un principiante. È proprio questa semplicità che offre molti vantaggi e un rapido successo nella creazione di oggetti 3D o circuiti elettronici.

"Tinkercad" è, almeno nel campo della progettazione CAD, un software molto semplice. Puoi usarlo per costruire un modello 3D combinando principalmente forme geometriche come cubo, cilindro, sfera, ... in modi diversi per ottenere il modello 3D desiderato. Se sei interessato alla costruzione di modelli più avanzati o a un software CAD più professionale, ti consiglio di consultare anche i programmi CAD "Fusion 360" o "FreeCAD", che sono anche gratuiti per gli utenti privati, e i miei corsi corrispondenti "Fusion 360 | passo dopo passo" e "FreeCAD | passo dopo passo". Ma per i primi passi, per modelli 3D semplici e per un apprendimento senza complicazioni, "Tinkercad" è imbattibile. Per questo motivo, ora inizieremo con il funzionamento di base del programma.

2.2 Progettazione CAD con "Tinkercad"

Se non hai ancora un account "Tinkercad", puoi crearlo facilmente e gratuitamente su www.tinkercad.com. Segui le istruzioni riportate sul sito.

Prima di iniziare a costruire un modello 3D, dobbiamo creare un nuovo documento. Lo facciamo nella pagina iniziale *(freccia 1)* utilizzando il pulsante "+ New" *(freccia 3)* e selezionando "3D Design" *(freccia 4).* Per farlo, dobbiamo trovarci nell'area di sinistra nella scheda "Designs" *(freccia 2).*

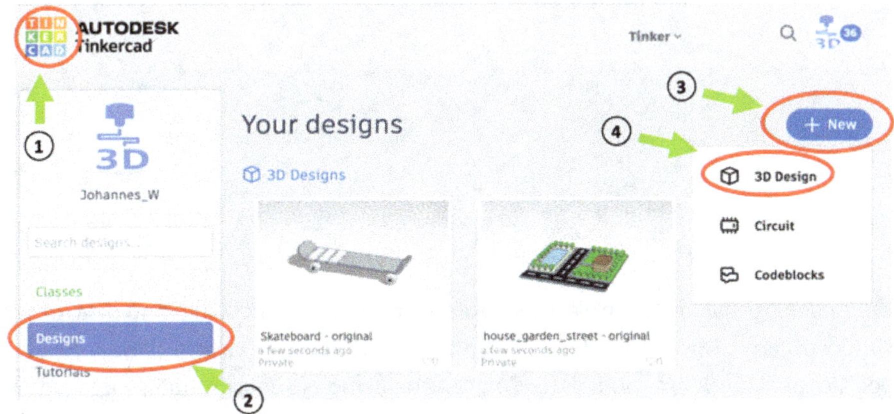

Una volta creato un nuovo disegno 3D, si apre l'area di lavoro per la creazione e la modifica degli oggetti 3D.

Puoi costruire qualsiasi modello 3D in "Tinkercad" con l'aiuto di forme 3D di base già esistenti, le cosiddette "Basic Shapes". In questa lezione vedremo brevemente le forme di base. Per prima cosa daremo un'occhiata all'ambiente di lavoro e alle sue funzioni. Nel prossimo capitolo costruiremo quattro grandi modelli insieme e passo dopo passo.

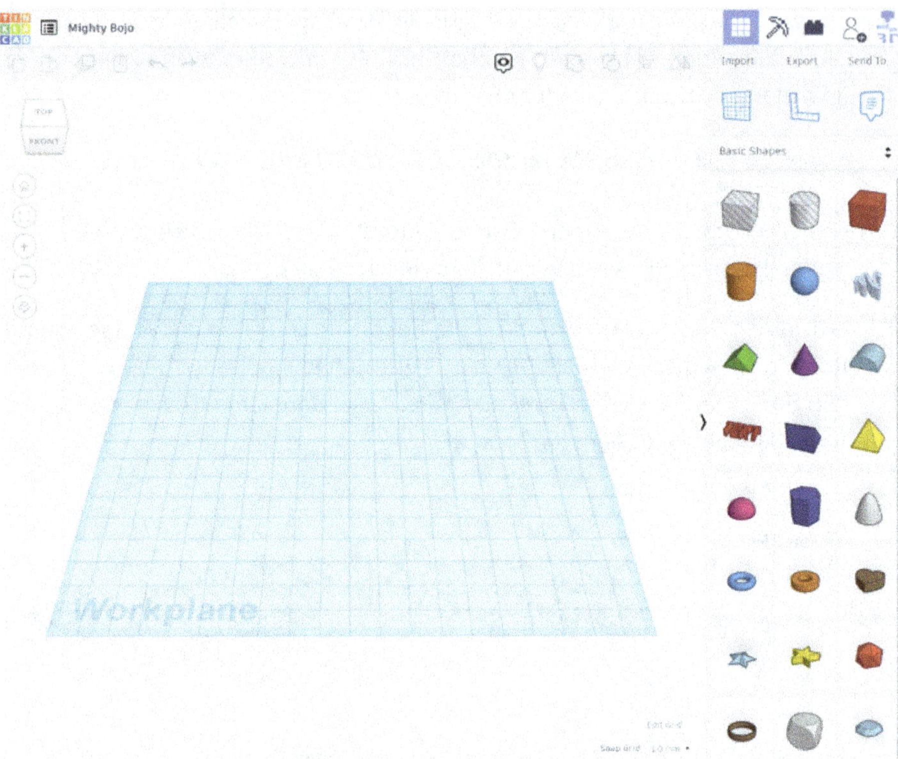

L'area della griglia blu chiaro etichettata "Workplane" è il nostro piano di lavoro su cui costruiamo i nostri modelli 3D. Consideralo come un tavolo da lavoro dove posizionare i modelli e modellarli. Con l'aiuto del mouse del computer puoi ruotare e zoomare questo piano. Per lo zoom utilizziamo la rotellina del mouse come di consueto. Per ruotare il piano in qualsiasi direzione dobbiamo tenere premuto il tasto destro del mouse e contemporaneamente fare un movimento con il mouse. Se teniamo premuta la rotellina del mouse e contemporaneamente muoviamo il mouse, possiamo spostare il piano. Se teniamo premuto il tasto sinistro del mouse e lo muoviamo, appare una cornice rossa con la quale possiamo selezionare uno o più oggetti.

Nell'area in alto a sinistra c'è un piccolo cubo che può essere utilizzato per ruotare la vista in base alle tue esigenze. Per farlo, basta cliccare sul cubo con il mouse, tenere premuto il pulsante del mouse e ruotare il cubo. In alternativa, puoi cliccare su una delle facce del cubo, ad esempio "Top" o "Front", se vuoi visualizzare il tuo oggetto dall'alto, dal davanti o da un altro lato.

Direttamente sotto il cubo c'è una barra con la quale puoi controllare l'orientamento della vista. Cliccando sul simbolo della casetta, ad esempio, puoi passare a una vista definita, la "Home view".

Con il simbolo del rettangolo in basso puoi inserire tutti gli oggetti in un'unica vista ("Fit all in View"). Tuttavia, questo è interessante solo quando hai creato oggetti più grandi. Con i simboli + e - puoi zoomare e con il simbolo del cubo puoi cambiare la vista tra le impostazioni "orthographic" e "perspective". Il modo migliore per capire cosa significa esattamente è provarlo.

Per creare un oggetto 3D, lavoriamo con gli oggetti già esistenti che troviamo nella barra laterale a destra. Gli oggetti semplici si trovano nel menu di selezione "Basic Shapes". Per posizionare un oggetto sul piano di lavoro, selezioniamolo nella barra laterale e poi spostiamoci con il mouse del PC sul piano di lavoro azzurro. Con un solo clic possiamo creare il cubo nella posizione giusta per noi. Se il menu di selezione sul lato destro non è visualizzato, è nascosto. Cliccando sulla piccola freccia all'estrema destra al centro (cerchiata in rosso) possiamo mostrarlo di nuovo.

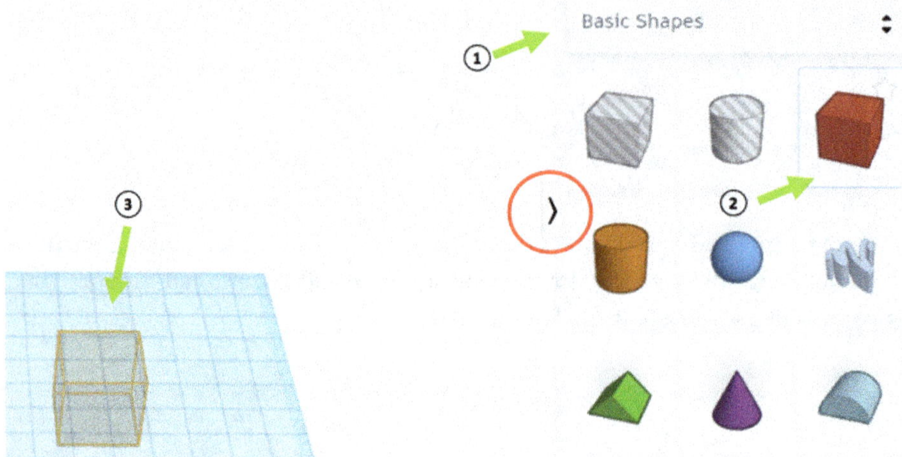

Una volta posizionato il cubo o qualsiasi altra forma, si aprono le impostazioni dell'oggetto.

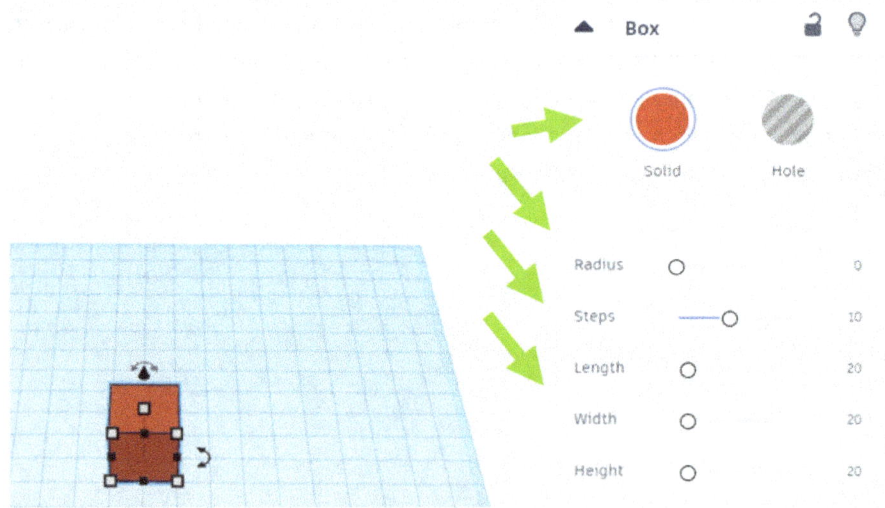

Nelle impostazioni puoi definire se l'oggetto è un solido ("solid") o un oggetto ritagliato ("hole"). Con l'impostazione "solid" puoi aggiungere materiale sotto forma di oggetto a un altro oggetto 3D. Con l'impostazione "hole" puoi rimuovere il materiale con la forma dell'oggetto da un altro oggetto 3D. Cosa significa esattamente e come puoi immaginarlo, lo vedremo più avanti in dettaglio con un esempio.

Ma prima continuiamo con le altre opzioni di impostazione. Ad esempio, puoi anche stabilire se i bordi dell'oggetto devono avere un arrotondamento, cioè un raggio, e quanto lungo, quanto largo e quanto alto deve essere l'oggetto. Prova tutti i controlli una volta sola. Con il piccolo simbolo del lucchetto nell'area in alto a destra, puoi proteggere l'oggetto da ulteriori modifiche cliccandoci sopra. Clicca di nuovo su di esso per sbloccare l'oggetto e modificarlo. Con il simbolo della lampadina puoi nascondere l'oggetto o mostrarlo di nuovo.

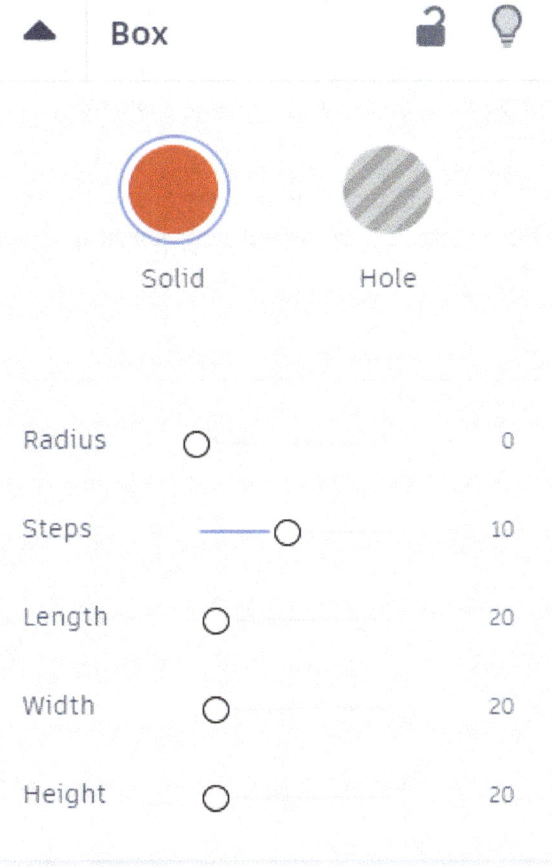

Prima di esaminare altre forme, diamo un'occhiata ai tre strumenti che si trovano sopra il menu di selezione.

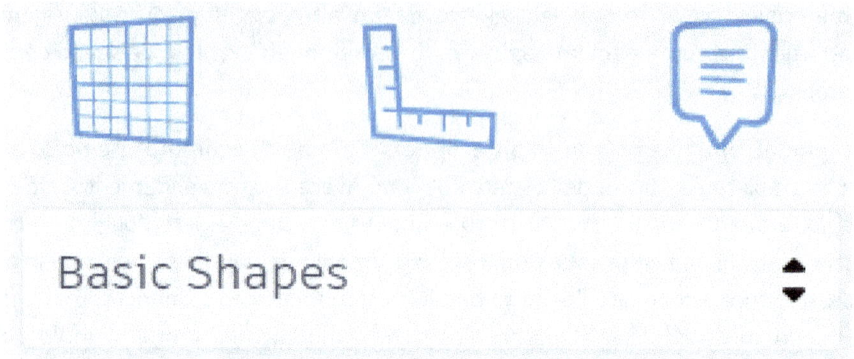

Si tratta dello strumento "Workplane tool" (a sinistra), dello strumento "Ruler Tool" (al centro) e dello strumento "Notes tool" (a destra).

Una nota può essere creata con lo strumento "Notes tool", ma si tratta di un'operazione molto semplice. Basta selezionare il comando, cliccare sul piano di lavoro e inserire un testo.

Con lo strumento "Workplane tool" puoi definire la posizione del piano di lavoro corrente. Basta cliccarci sopra e posizionarlo, ad esempio, sulla parte superiore del cubo.

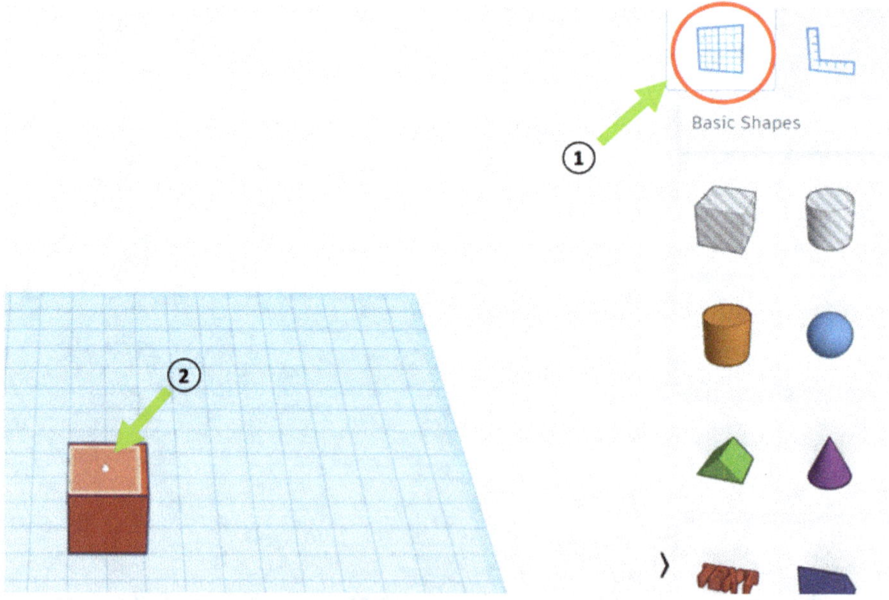

Questo crea un secondo piano di lavoro. Il secondo piano è parallelo alla superficie cliccata (superficie del cubo) e si allontana dal primo piano di una certa distanza. Nel nostro caso, la distanza dal piano di lavoro blu è esattamente l'altezza di un cubo. Pensa e prova cosa succede quando clicchi sulla superficie laterale del cubo!

Perché hai bisogno di un secondo livello? Per poter posizionare gli oggetti uno sopra l'altro. Ad esempio, puoi posizionare un altro cubo su questo secondo piano di lavoro. Per terminare il comando, clicca nuovamente sul pulsante "Workplane Tool" e poi clicca nuovamente sul piano blu.

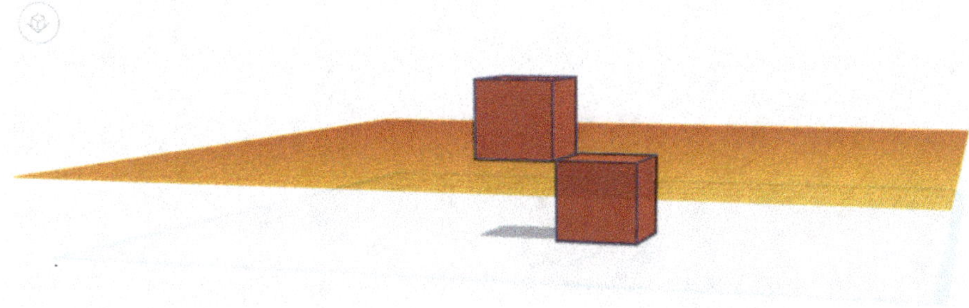

Con lo strumento "Ruler tool" puoi posizionare un righello. Prima clicca sul comando, poi sposta il mouse del PC sul piano di lavoro e imposta un'origine per posizionare lo strumento sul piano con un solo clic.

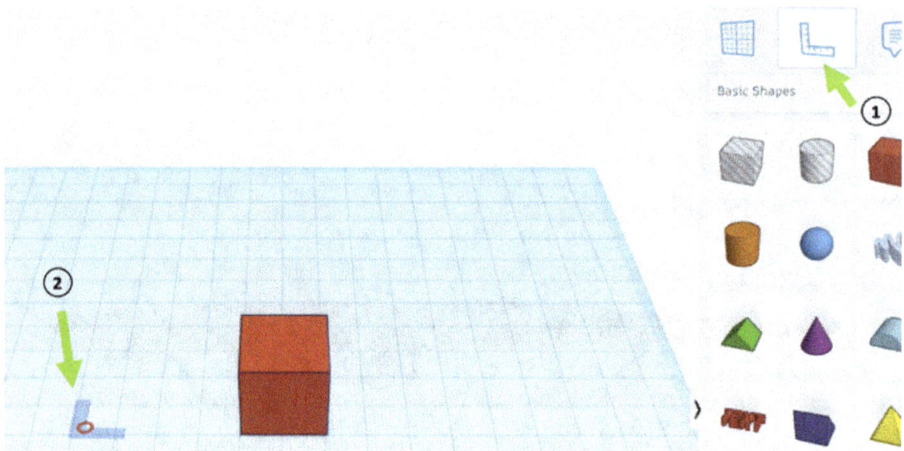

Viene quindi visualizzato un sistema di coordinate con il quale è possibile riconoscere tutte le dimensioni esistenti. Per farlo, devi selezionare un oggetto cliccando su di esso.

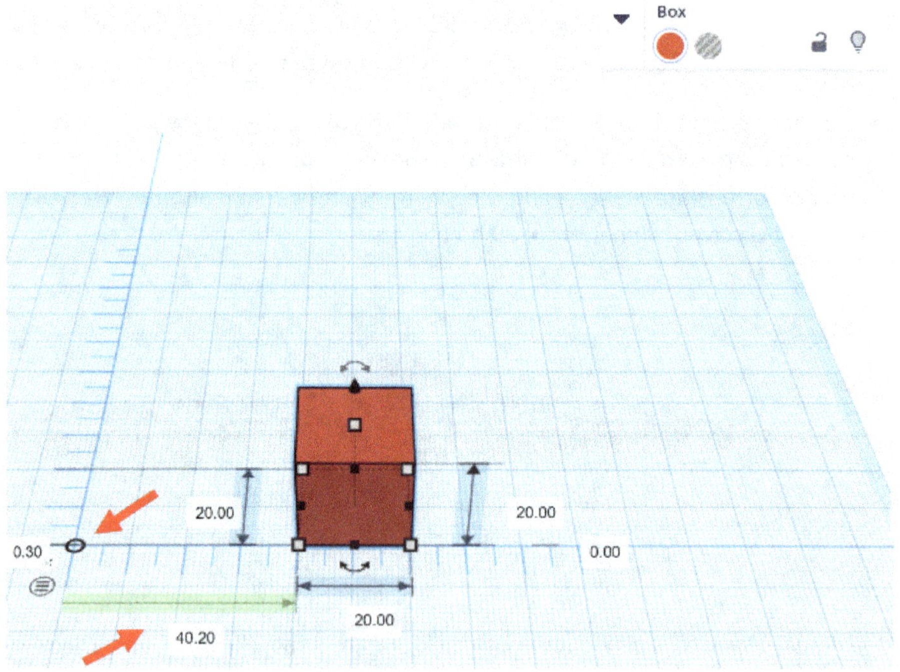

La distanza dall'origine del sistema di coordinate è ad esempio 40,2 mm. Inoltre, la lunghezza dello spigolo del cubo può essere letta come 20 mm. Cliccando sull'origine dello strumento "Ruler tool" puoi specchiarlo. È meglio fare una prova.

Le misure qui riportate sono in millimetri. Nota: Conversione da mm a cm: valore in mm * 0,1 = valore in cm.

Se clicchi sull'area "Edit Grid" *(freccia 1) nell*'area in basso a destra, puoi effettuare le impostazioni per il piano di lavoro ("Workplane"). Puoi cambiare le unità di misura, ma si consiglia di lasciare l'impostazione "Millimeters" *(freccia 2)*. Qui puoi anche impostare le dimensioni del piano di lavoro. Ad esempio, il nostro piano di lavoro è largo 200 mm e lungo 200 mm *(freccia 3)*. In "Presets" *(freccia 4)* puoi anche adottare i preset di alcuni dispositivi, ad esempio le stampanti 3D. Questo ha senso se vuoi stampare l'oggetto in un secondo momento. In questo modo puoi assicurarti che il modello 3D non venga costruito più grande della superficie di stampa.

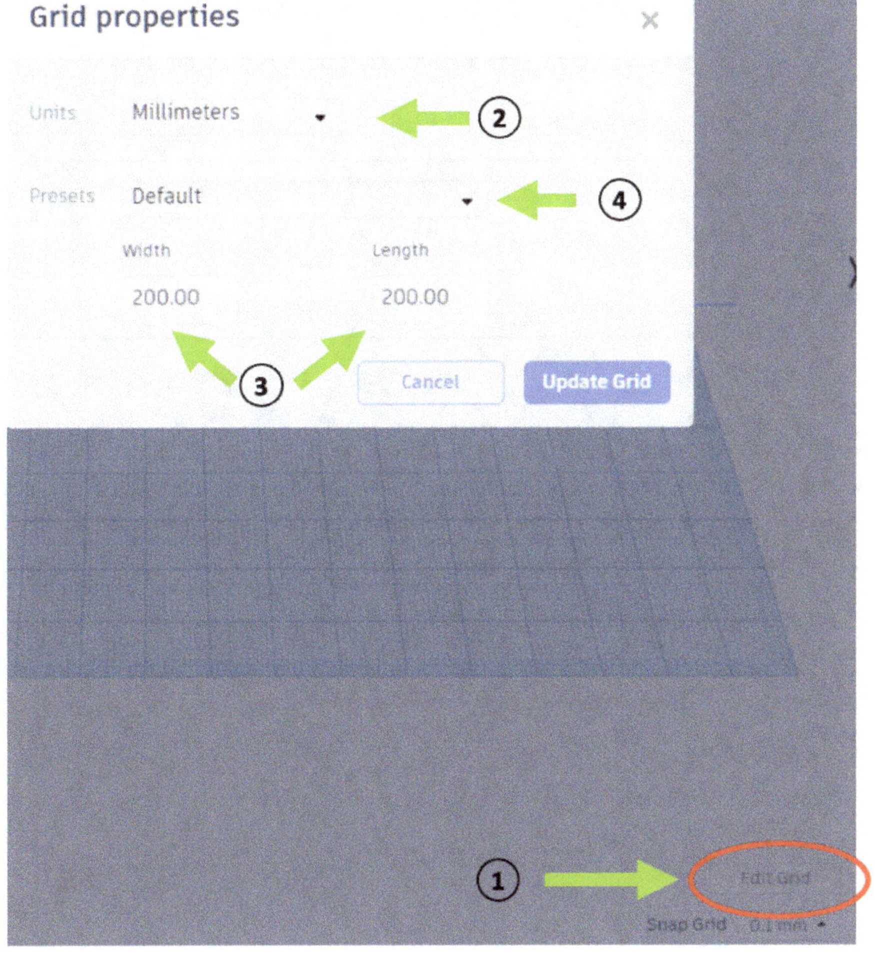

Nel menu di selezione di "Snap Grid", che si trova sotto "Edit Grid", puoi impostare i passi in cui gli oggetti devono muoversi rispetto alla griglia del piano di lavoro durante un turno. Più basso è il valore impostato, più fine è lo spostamento di un oggetto. Nel nostro caso, ad esempio, possiamo spostarci a intervalli di 0,1 mm, cioè esattamente di una delle caselle della griglia. Se desideriamo spostarci in modo completamente distaccato, possiamo anche impostare l'opzione "Off" e non saremo più vincolati alle caselle della griglia.

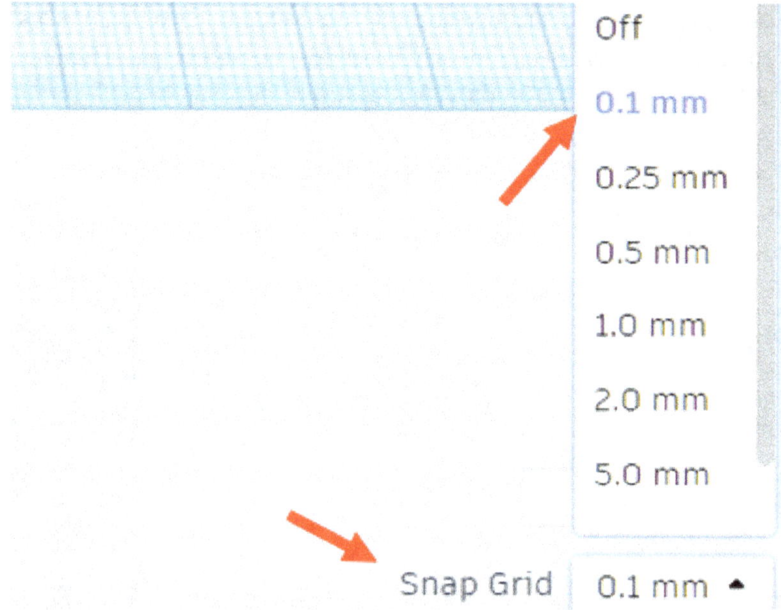

Oltre alle forme semplici come il cubo, il cilindro, la sfera, il cono, la piramide e così via, ci sono anche oggetti più complessi con cui possiamo armeggiare. Questi oggetti si trovano nella libreria "Shapes Library", che possiamo aprire cliccando sul menu di selezione.

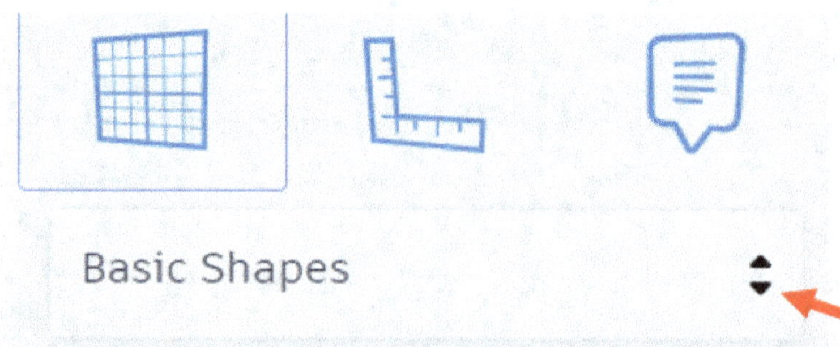

Nell'area superiore troviamo il menu delle nostre creazioni e quello degli oggetti contrassegnati come preferiti. Inoltre, nell'area sottostante, troviamo una moltitudine di altri oggetti ordinati per categorie. È meglio cliccare una volta su tutte le categorie e guardare gli oggetti per sapere cosa è già disponibile come modello 3D.

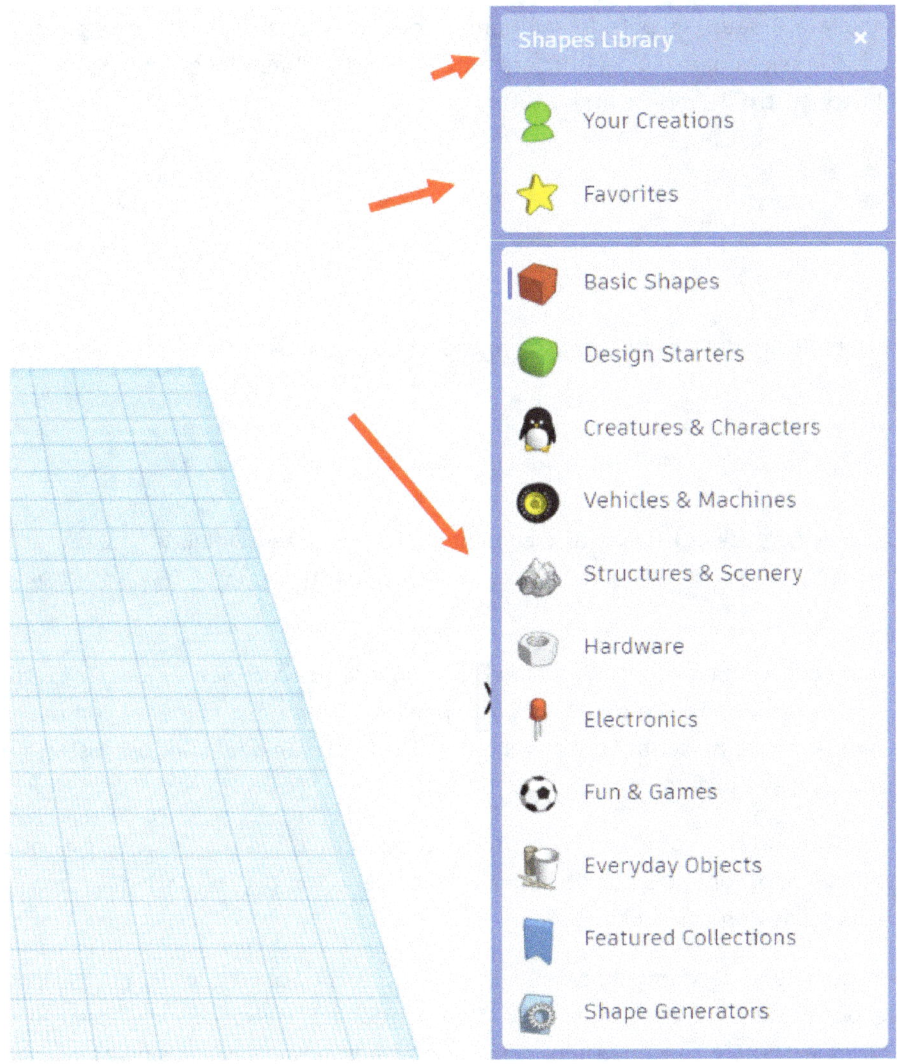

Una caratteristica particolare di quest'area è la categoria più bassa "Shape Generators". In questa categoria puoi creare le tue forme sulla base di oggetti esistenti modificandoli.

Ora ci occuperemo brevemente delle due barre nell'area superiore e poi passeremo alla costruzione degli oggetti. Resta sintonizzato, presto creeremo il primo modello 3D.

Sul lato sinistro della barra superiore ci sono funzioni generali che vengono utilizzate anche in altri programmi. Queste sono: Copia, Incolla, Duplica, Elimina e Annulla e Ripeti. Per poterle selezionare, devi prima selezionare un oggetto. È possibile selezionare più oggetti aprendo una finestra di selezione rettangolare con il tasto sinistro del mouse premuto.

Sul lato destro della barra ci sono le funzioni necessarie per lavorare con gli oggetti 3D.

Da sinistra a destra, troverai i comandi: "Toggle notes visibility", "Show all", "Group", "Ungroup","Align " e "Mirror" oltre ai pulsanti: "Import", "Export" e "Send To".

I primi due comandi controllano la visualizzazione dei commenti e degli oggetti. Con il comando "Toggle notes visibility" puoi mostrare e nascondere i commenti eventualmente presenti. Con il simbolo della piccola lampadina puoi mostrare e nascondere gli oggetti.

Molto importanti sono i due comandi "Group" e "Ungroup". Con questi due comandi puoi collegare e scollegare gli oggetti. Si tratta di due funzioni essenziali per la costruzione in "Tinkercad".

Ad esempio, osserviamo il seguente scenario con due cubi e due cilindri. Per uno dei due cilindri, nelle impostazioni è stata selezionata l'opzione "solid", per l'altro l'opzione "hole". Le dimensioni non sono importanti e possono essere scelte liberamente, solo l'altezza dei cilindri deve essere leggermente superiore a quella dei cubi. Di seguito impareremo anche la differenza tra le proprietà "solid" e "hole".

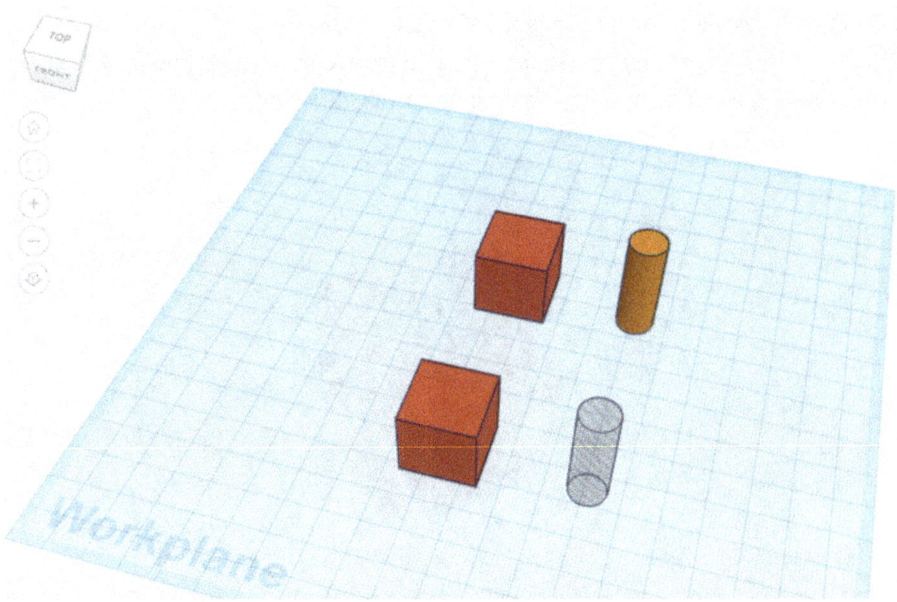

I due comandi "Group" e "Ungroup" sono ora molto semplici da capire. Con il primo comando puoi unire due o più oggetti e con il secondo puoi separarli. Immagina, ad esempio, di dover unire due oggetti. Di seguito, vogliamo collegare gli oggetti tra loro. Per farlo, spostiamo i due cilindri con il mouse del PC verso sinistra, al centro dei cubi.

Quindi selezioniamo i due oggetti frontali, cioè il cubo e il cilindro con l'impostazione "hole", e disegniamo un rettangolo con il tasto sinistro del mouse premuto. In questo modo selezioniamo entrambi gli oggetti.

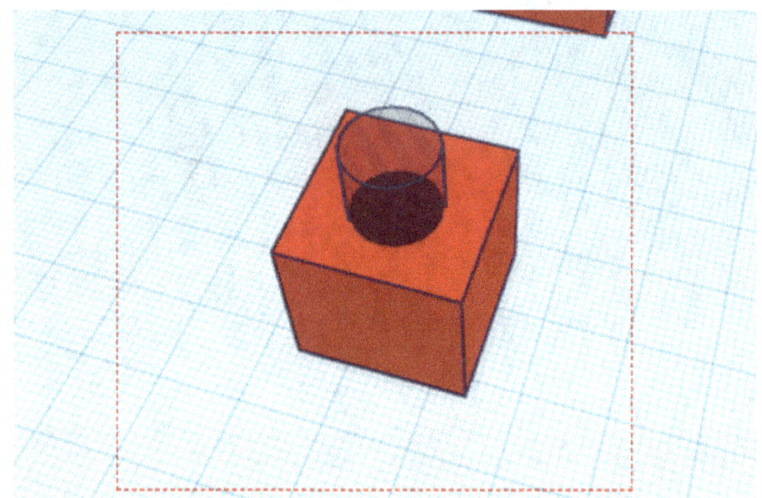

Dopodiché, gli strumenti nella barra in alto a destra sono disponibili per la modifica e possiamo selezionare il comando "Group". Pensa a cosa succederà ora, forse riuscirai a capirlo senza bisogno di aiuto. Nota: il cilindro è un elemento negativo e sottrattivo.

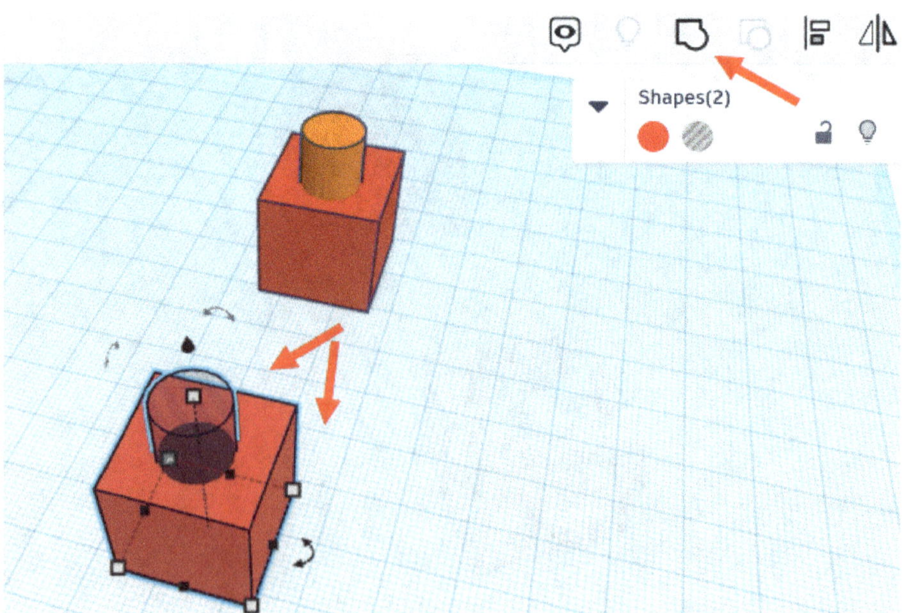

Il risultato è il seguente nuovo oggetto:

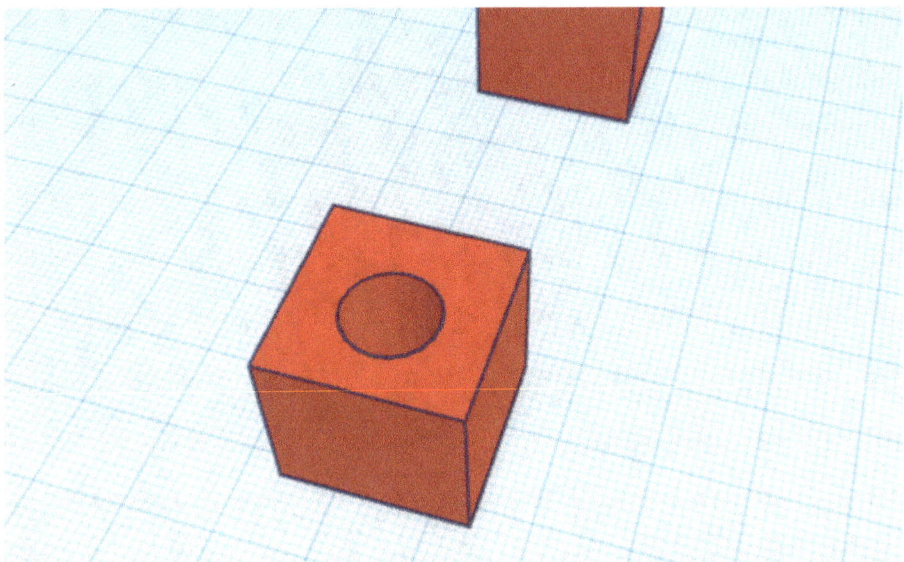

Si tratta di un cubo con un buco al centro. Il buco si è creato perché abbiamo sottratto l'elemento negativo (sottrattivo), cioè il cilindro, dall'elemento positivo, cioè il cubo. Molto bene, se l'hai già immaginato in questo modo. In caso contrario, non importa, continua a seguire la tua immaginazione spaziale che migliorerà sempre di più con il proseguire del libro.

Prova a immaginarlo spazialmente come segue: Se vuoi fare un foro nel mondo analogico, prendi un trapano che ha una forma cilindrica di base e il diametro del foro previsto. Quando fai un foro, in pratica non stai facendo altro che inserire un oggetto cilindrico (il trapano) in un altro componente e creare un foro con esso. Il trapano è l'elemento negativo e di sottrazione.

Cosa succede se raggruppiamo gli altri due oggetti, il cubo e il cilindro, con l'impostazione "solid"? Pensaci ancora un attimo e poi dai un'occhiata alla soluzione.

Nota: in questo caso il cilindro è un elemento additivo. A proposito, la procedura di raggruppamento con il comando "Group" è identica a quella precedente.

Il risultato è un corpo unico e solido. I due oggetti sono stati fusi insieme.

Anche il colore del cilindro si adatta automaticamente alla carrozzeria di base, dato che si tratta di una carrozzeria comune. Ottimo, se è così che l'hai immaginato.

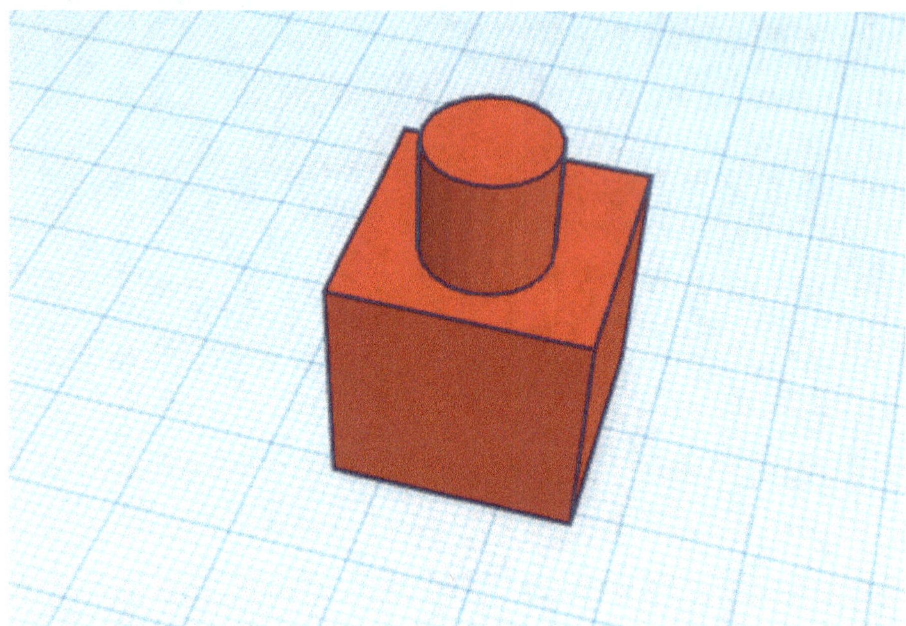

Ora conosciamo la differenza tra le impostazioni "solid" e "hole" e abbiamo già imparato a conoscere l'importantissimo comando "Group".

Con il comando "Ungroup" puoi annullare questo processo di fusione. Per farlo, seleziona semplicemente gli oggetti che vuoi separare di nuovo e poi seleziona il comando "Ungroup".

Puoi anche selezionare più oggetti contemporaneamente. Il programma riconosce poi da solo le affiliazioni.

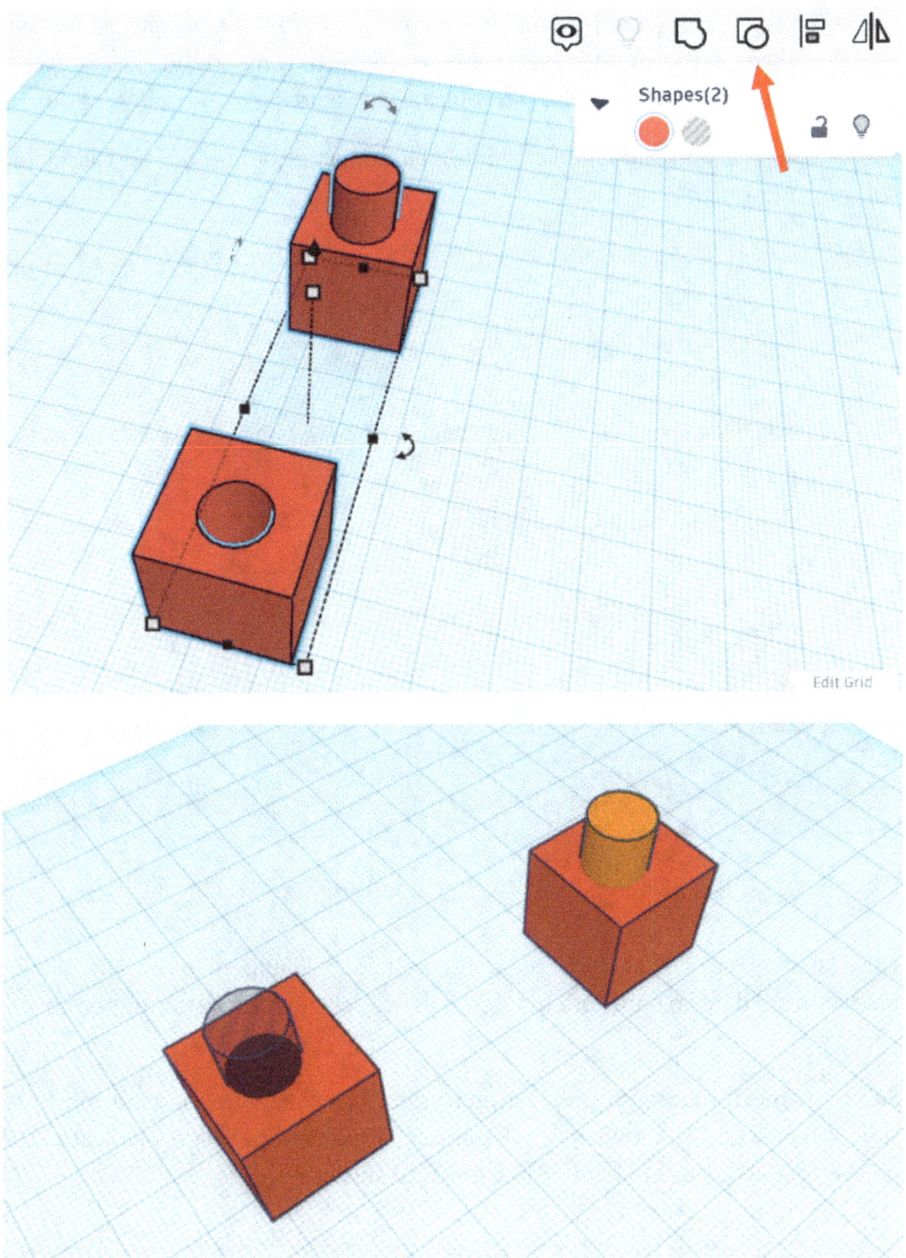

I due processi di fusione sono quindi invertiti e ora abbiamo di nuovo quattro corpi indipendenti anziché solo due.

Con la funzione "Align" puoi controllare l'allineamento di due o più oggetti tra loro. Potresti anche spostare semplicemente gli oggetti come desideri, ma con il comando "Align" questo è molto più veloce, facile e preciso.

Ad esempio, creiamo due semplici cilindri, selezioniamoli entrambi e poi clicchiamo sul comando "Align".

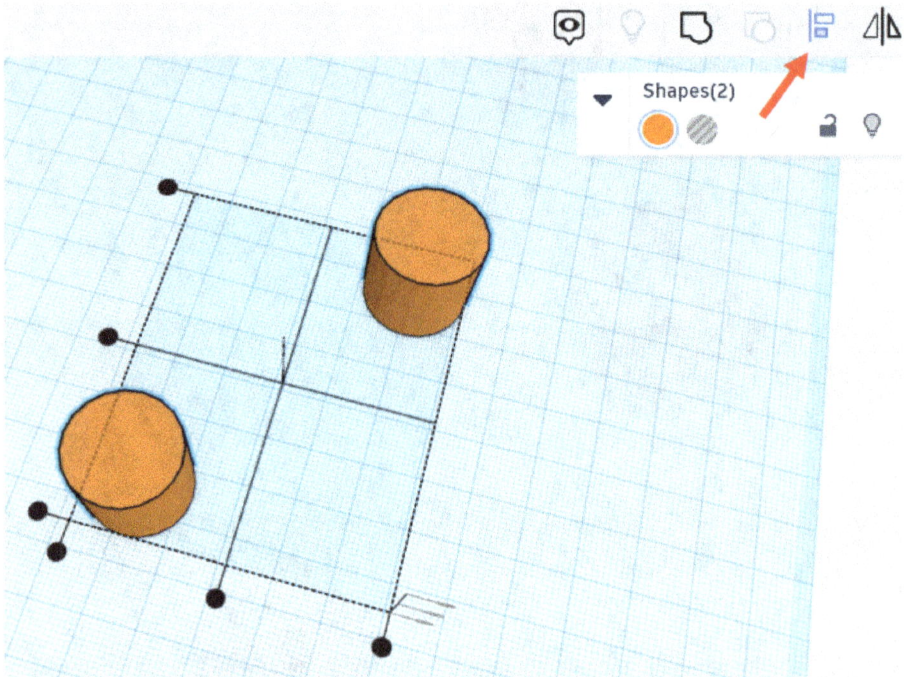

Otteniamo quindi un campo con punti neri. Con l'aiuto di questi punti neri possiamo ora determinare l'orientamento dei due cilindri attraverso le linee ad essi collegate.

Se spostiamo il mouse su uno dei punti neri, l'allineamento ci viene mostrato simbolicamente. Se clicchiamo sul punto, l'allineamento viene applicato. Dai un'occhiata ai due esempi qui sotto e prova tu stesso!

Esempio a), passo 1: Anteprima prima di cliccare sul punto rosso. Il cursore del mouse si trova sopra il punto rosso:

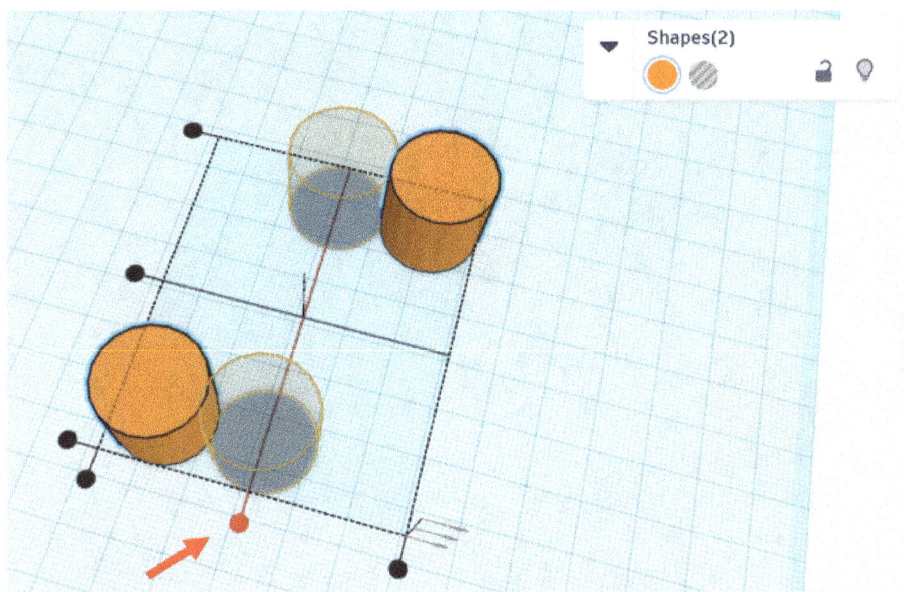

Esempio a), passo 2: risultato dopo aver cliccato sul punto rosso. L'allineamento è stato eseguito:

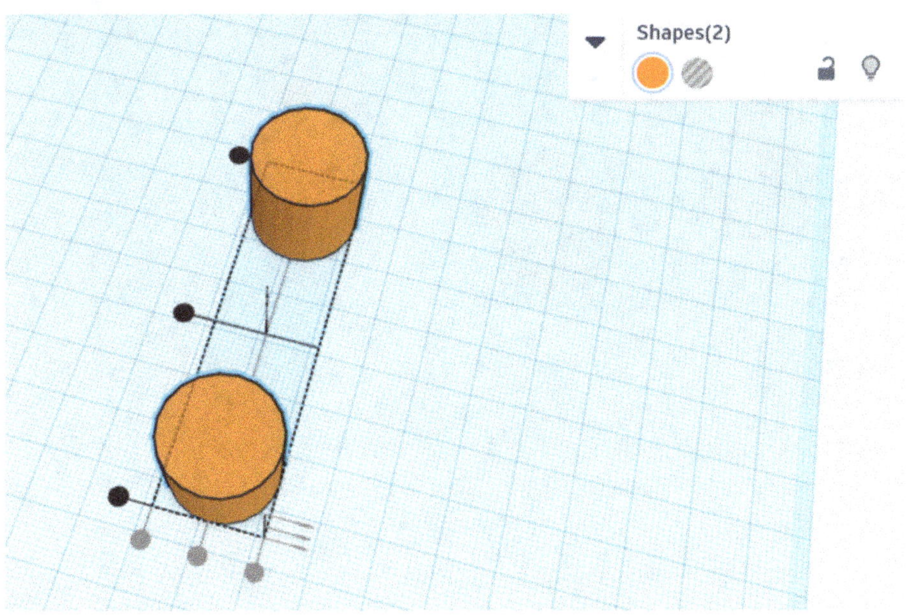

Esempio b), passo 1: anteprima prima del clic. Il cursore del mouse si trova sopra il punto rosso:

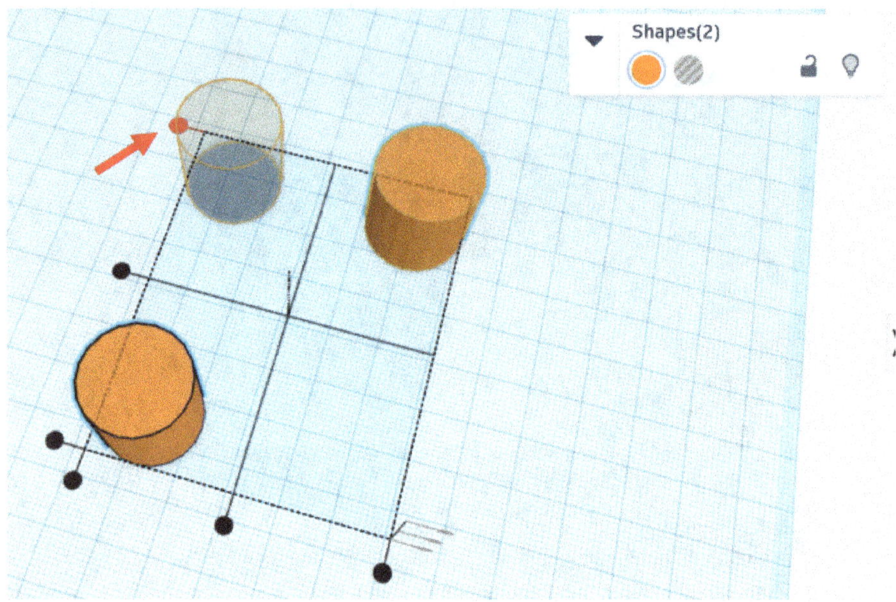

Esempio b), fase 2: risultato dopo aver cliccato sul punto rosso. L'allineamento è stato eseguito:

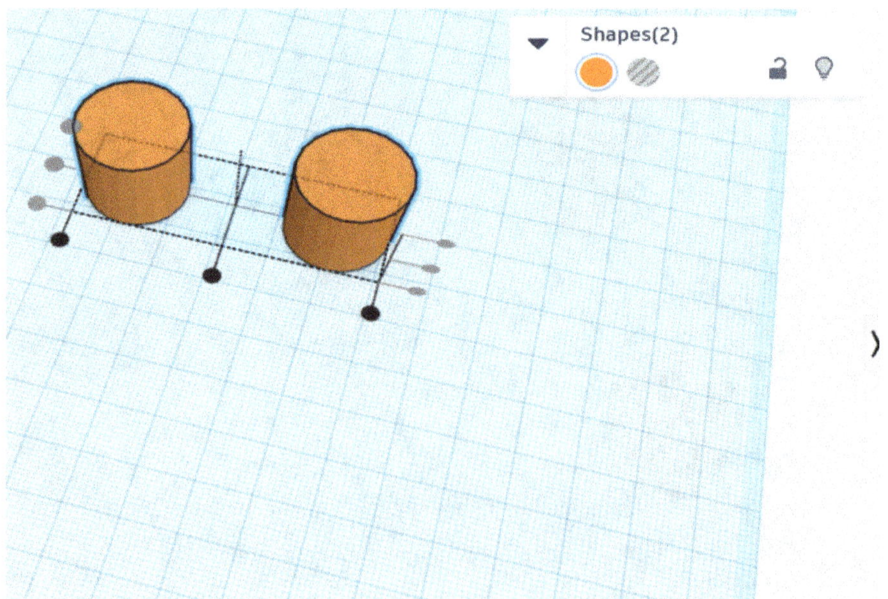

L'ultima funzione che vedremo in questo capitolo è la funzione "Mirror". Con questo comando possiamo specchiare un oggetto, cioè cambiare l'orientamento dell'oggetto. Vediamo come funziona utilizzando un oggetto "TEXT".

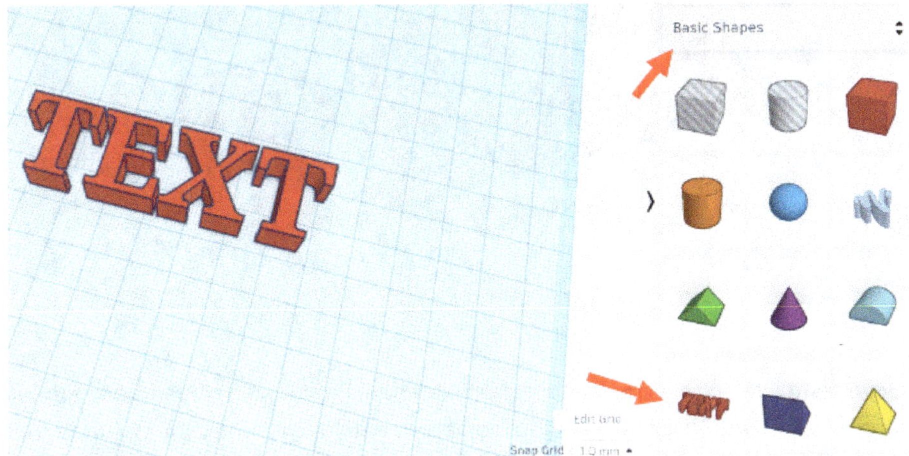

Se selezioniamo prima il corpo e poi il comando "Mirror", appariranno tre piccole frecce doppie sull'oggetto 3D.

A seconda di quale di queste frecce clicchiamo, l'oggetto viene specchiato in base alle direzioni della rispettiva doppia freccia.

Ad esempio, se scegliamo la freccia in basso al centro, otterremo il seguente risultato:

Ora il testo è stato specchiato in direzione laterale. Prova le altre due frecce e prova il comando su altri oggetti. È meglio pensare in anticipo a come sarà il risultato per allenare la tua immaginazione spaziale.

Prima di chiudere questo capitolo, diamo una breve occhiata all'area in alto a destra.

Qui troviamo le funzioni "Import", "Export" e "Send To", oltre ad altri due ambienti 3D tra cui scegliere nell'area in alto ("Blocks" e "Bricks"). Con "Import" e "Export" puoi caricare i tuoi oggetti nel programma o salvarli dall'interno. Puoi importare oggetti fino a 25 MB nei formati ".stl", ".obj" e ".svg" e salvare le tue creazioni come ".stl", ".obj" e ".glb" e ".svg". Questi formati di file possono essere ulteriormente elaborati per la stampa 3D (ad esempio ".stl") o per il taglio laser (ad esempio ".svg"). Con il pulsante "Export" hai anche la possibilità di inviare il file direttamente a una stampante 3D già collegata. Se anche tu sei interessato alla stampa 3D, dai un'occhiata al mio corso sull'argomento. Puoi trovare informazioni al riguardo nelle ultime pagine di questo libro. Molto bene, ora abbiamo imparato le basi di "3D-Designs" in "Tinkercad"! Ora possiamo passare alla progettazione dei modelli 3D. Andiamo!

Capitolo 3 | Modello 3D Progetto 1: Molletta

Il nostro primo progetto insieme in questo corso sarà un modello 3D di una molletta per abiti. L'aspetto dovrebbe essere questo e puoi copiare il progetto nel tuo account al seguente link:

https://tinyurl.com/5n6k4uz7

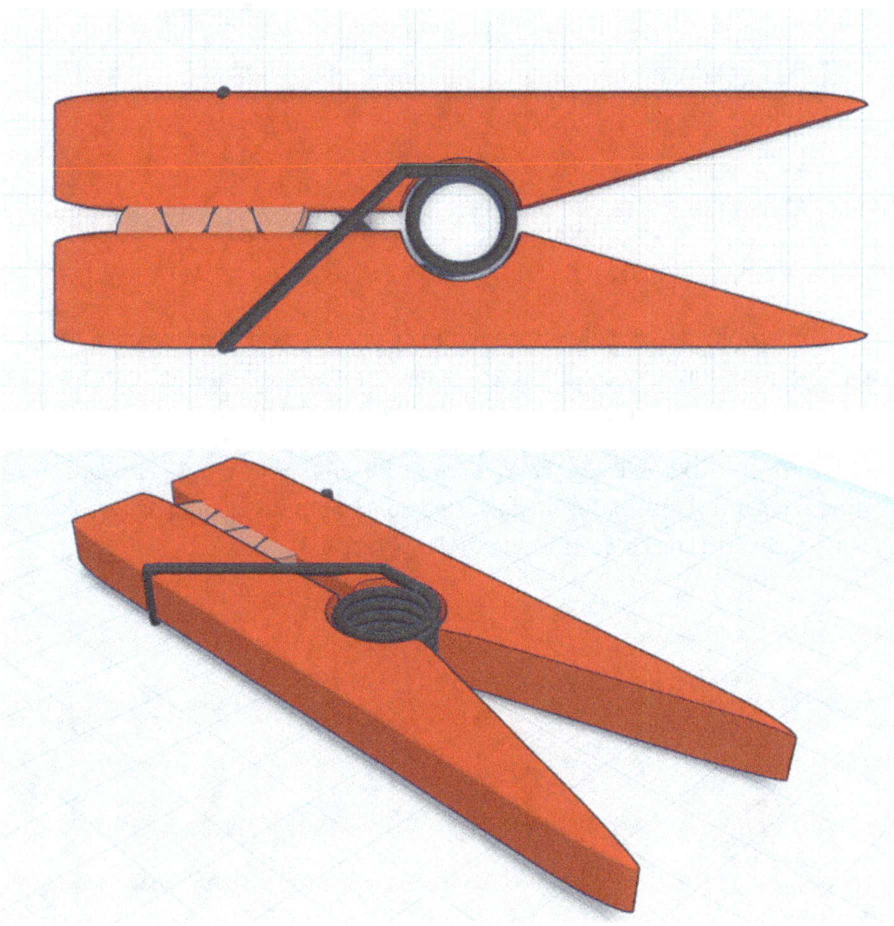

Per farlo, creiamo prima un nuovo documento in "Tinkercad". Lo facciamo nella pagina iniziale (accedendo prima al nostro account "Tinkercad") cliccando prima sulla scheda "Designs" nell'area di sinistra e poi sul pulsante "+ New" nell'area in alto a destra e selezionando l'opzione "3D Design".

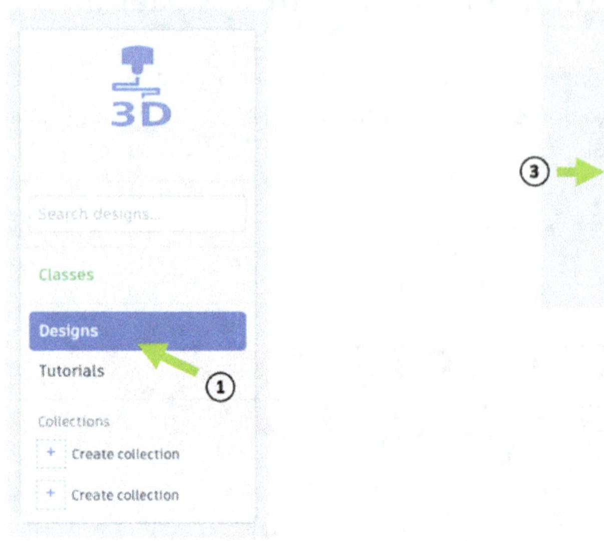

Per la costruzione del modello procederemo come segue. Per prima cosa creiamo i due corpi base della molletta. Poi aggiungiamo la molla a spirale nell'area centrale del modello e infine perfezioniamo la forma della molletta.

Per il corpo di base della molletta usiamo un elemento cubo *(freccia 1)*, che troviamo nella sezione "Basic Shapes". Posizioniamolo sul piano di lavoro *(freccia 2)* e assicuriamoci che sia selezionato "Solid" *(freccia 3)*.

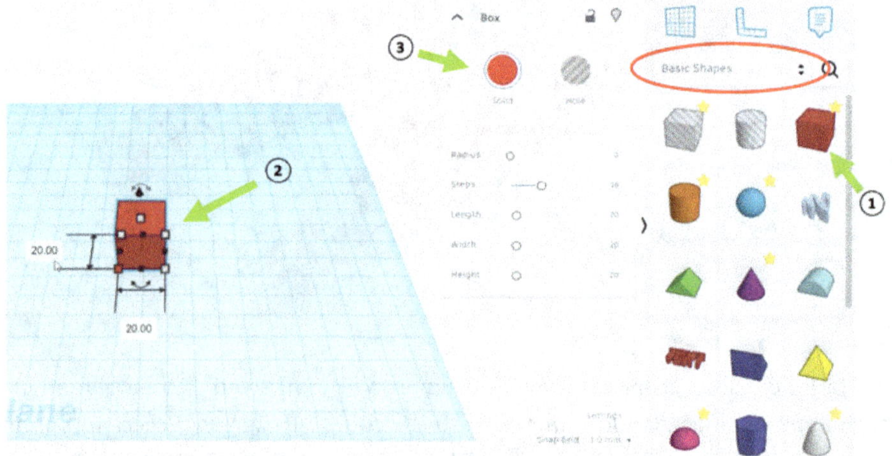

Poi cambiamo le dimensioni del cubo in modo che diventi un cuboide oblungo con una lunghezza di 104 mm e una larghezza di 15 mm. Cambiamo anche l'altezza del cubo in 8 mm.

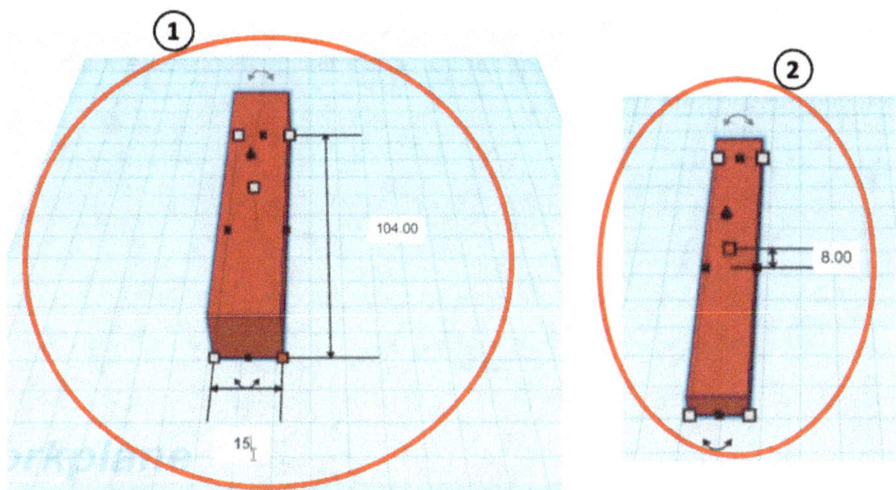

Dopo aver cliccato di nuovo sul cuboide, possiamo impostare l'opzione "Steps" *(freccia 1) nell*'area delle impostazioni sul valore massimo, ovvero 20. In questo modo determiniamo la finezza con cui viene modellato il nostro modello 3D. Arrotondiamo anche il raggio di tutti i bordi inserendo il valore 2,3 nel campo "Radius" *(freccia 2)*. Possiamo anche utilizzare il cursore per entrambe le impostazioni.

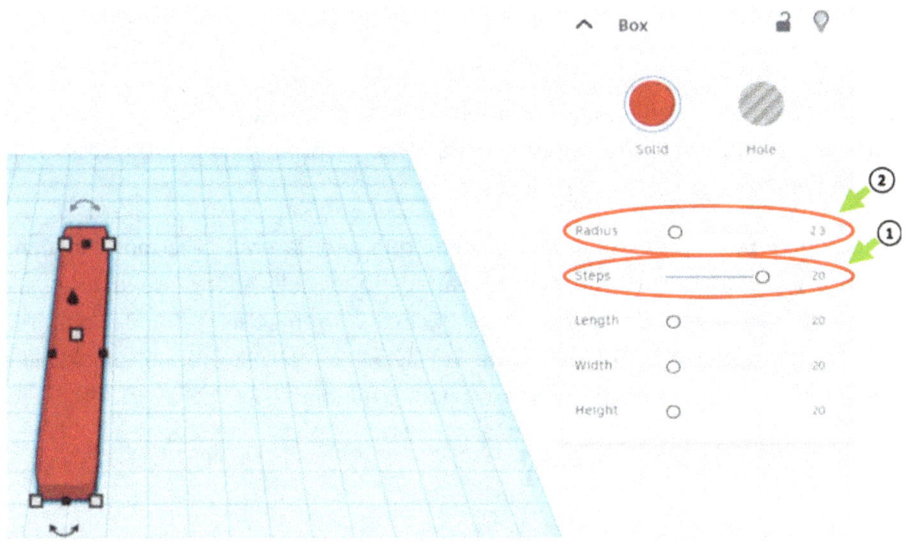

Il cuboide creato rappresenta una delle parti laterali della molletta. Ora possiamo creare la seconda parte laterale utilizzando la stessa procedura.

Per rendere il tutto più semplice e veloce, possiamo semplicemente duplicare l'oggetto 3D precedente. Per farlo, è necessario cliccare sulla parte e selezionare il comando "Duplicate and repeat" nell'area in alto a sinistra. Puoi anche utilizzare la combinazione di tasti "CTRL+D".

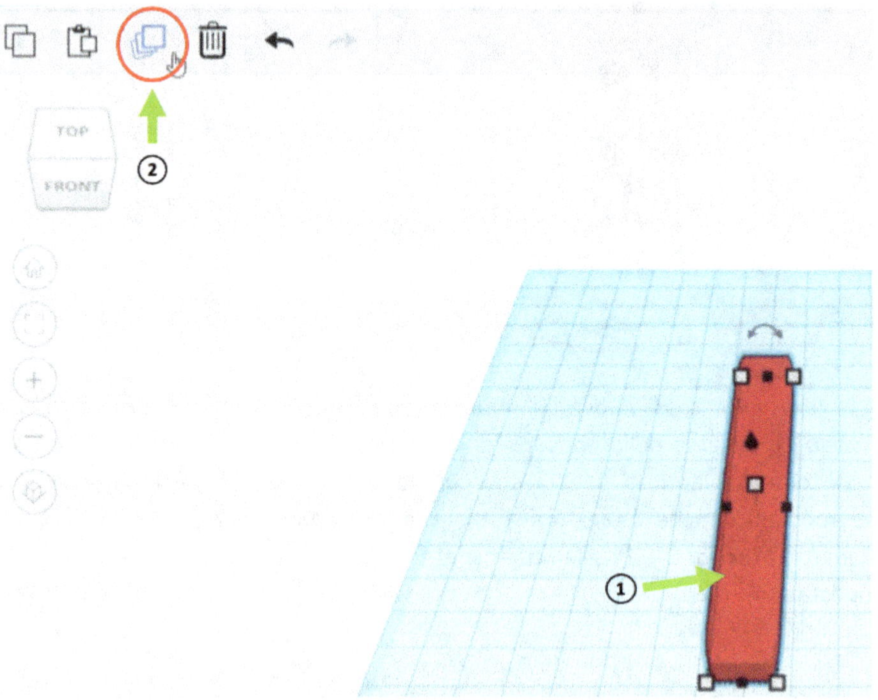

La parte duplicata viene quindi posizionata in modo congruo rispetto alla prima parte. Possiamo spostare il duplicato direttamente premendo i tasti freccia sulla tastiera oppure spostarlo con il mouse.

Spostiamo il pezzo a destra in modo che le due parti laterali della molletta siano posizionate una accanto all'altra, lasciando un piccolo spazio tra di esse. La larghezza dello spazio dovrebbe essere di circa 3-4 mm. Vale a dire 3-4 quadrati della griglia per una griglia di 1 mm. Tuttavia, non è così preciso: puoi anche scegliere un'ampiezza leggermente maggiore o minore.

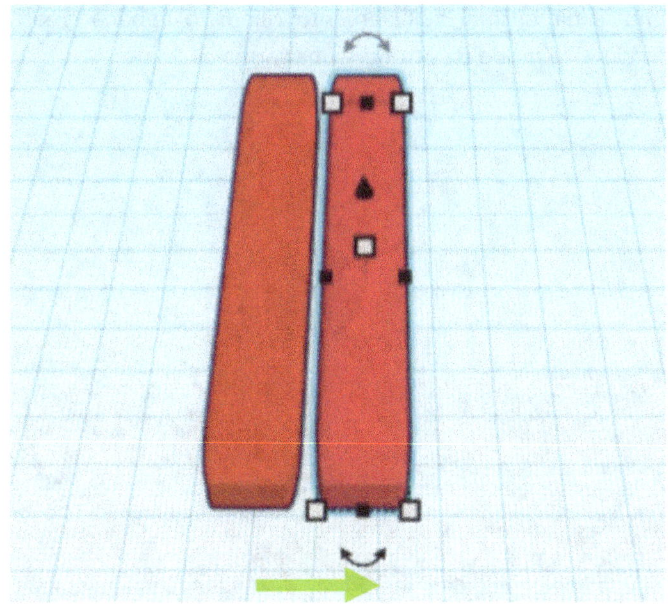

Poi creiamo un'apertura al centro delle due parti per poter posizionare la molla. Per farlo, posizioniamo un'apertura cilindrica *(freccia 1)* sul nostro piano di lavoro. Dopo aver posizionato l'elemento, si aprono le impostazioni. Assicuriamoci che sia l'opzione "Hole" *(freccia 2)* e impostiamo il valore massimo dell'opzione "Sides" - che è 64 - *(freccia 3)*. In questo modo determiniamo la rotondità del cilindro. Puoi vederlo sul bordo superiore del cilindro.

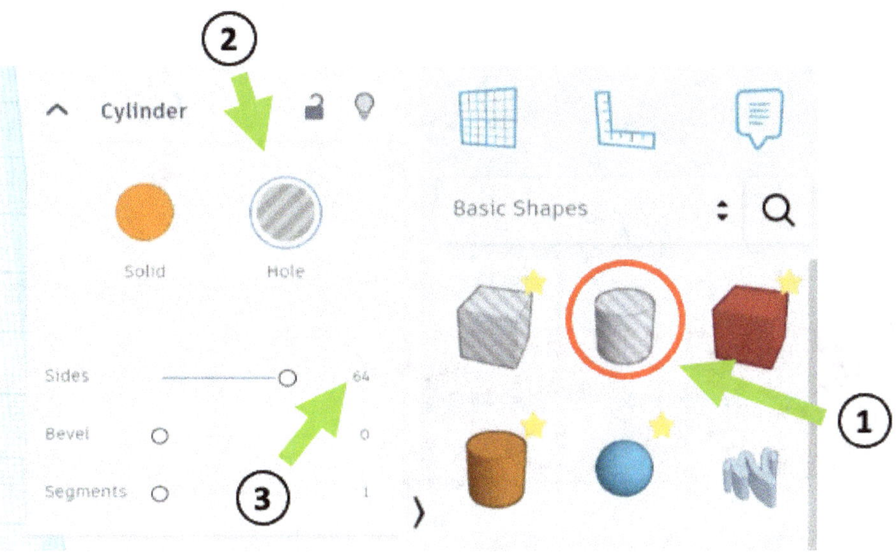

Poi cambiamo le dimensioni dell'elemento cilindrico appena creato in 16 mm ciascuna *(freccia 4) in* modo da ottenere una forma circolare.

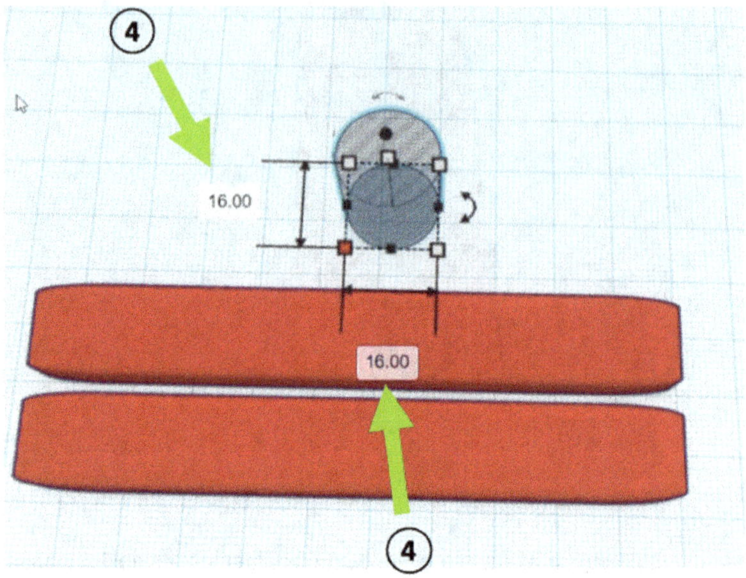

Prima di poter effettuare il posizionamento corretto, dobbiamo prima raggruppare i due elementi cuboidi di base. Per farlo, selezioniamo entrambi gli elementi (tieni premuto il tasto "SHIFT" per una selezione multipla) e poi seleziona la funzione "Group" *(freccia 2)* o premi la combinazione di tasti "CTRL+G".

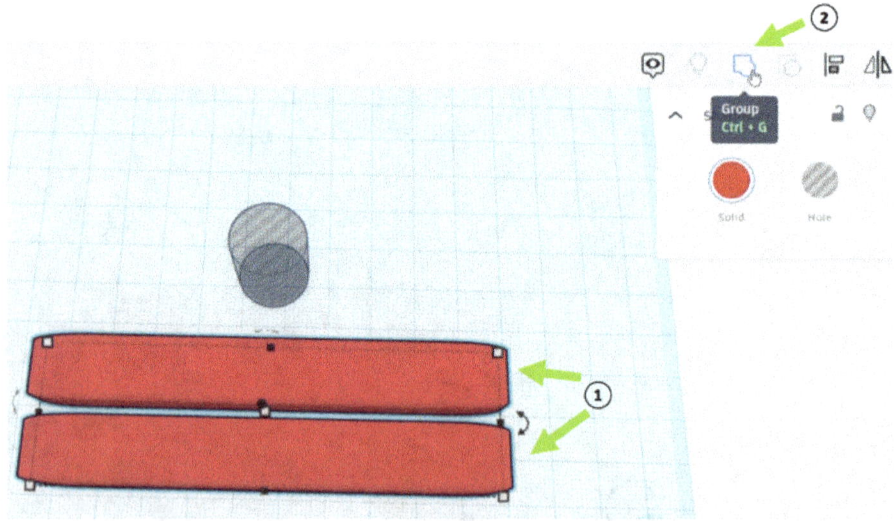

Per un corretto posizionamento, seleziona l'elemento appena raggruppato e l'elemento cilindrico (tieni premuto il tasto "SHIFT" per una selezione multipla) e seleziona la funzione "Align" *(freccia 2)* o premi il tasto "L". Appariranno dei punti neri agli angoli e ai lati dell'area selezionata. In questo caso selezioniamo il punto centrale sinistro *(freccia 3)* per un corretto allineamento.

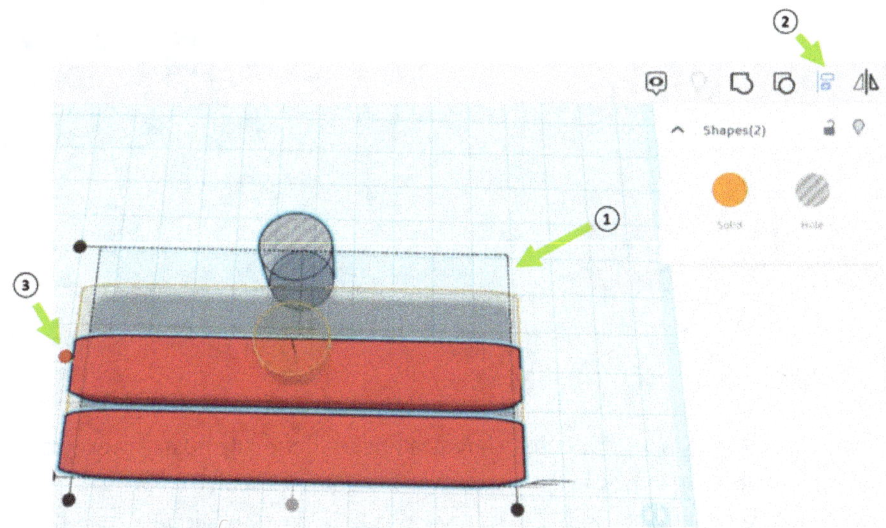

L'elemento cilindrico dovrebbe quindi trovarsi, come mostrato, al centro dell'area dei due elementi di base quadrati. In questo caso, possiamo collegare le parti con l'aiuto del comando "Group" in modo da creare la sezione cilindrica. Le parti devono essere ancora selezionate o selezionate nuovamente. Dopo aver eseguito il comando, clicca sul piano.

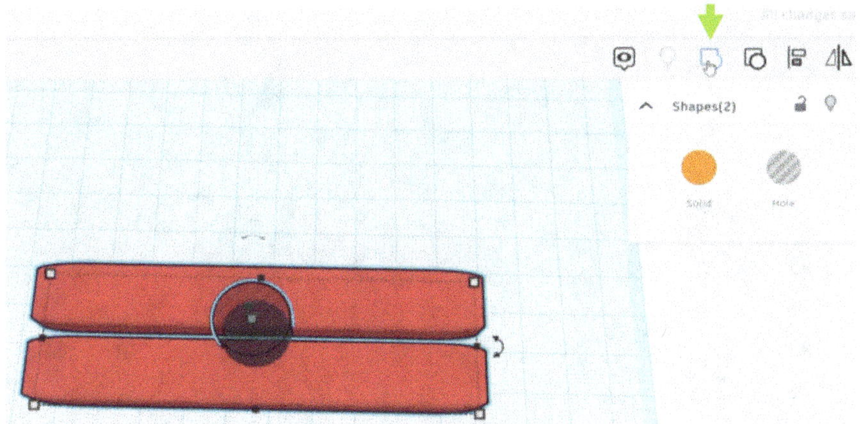

Successivamente ci occupiamo della creazione della molla a spirale. Per farlo, utilizziamo un elemento geometrico esistente che cerchiamo nella barra laterale destra con il termine di ricerca "sprial" *(freccia 2)* e lo posizioniamo sul nostro piano di lavoro *(freccia 3)*.

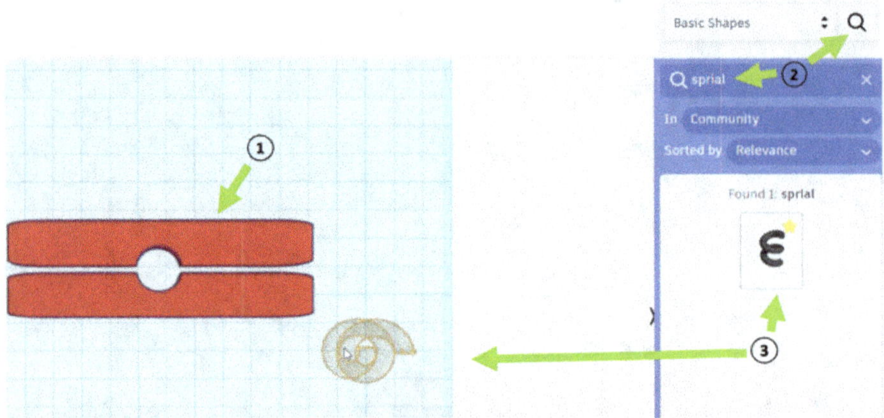

L'aspetto della molla a spirale non si adatta ancora bene alla nostra molletta. Per questo motivo nelle impostazioni cambiamo il raggio "R1" con il valore "1" *(freccia 1)*. Per aprire le impostazioni, basta selezionare la parte e cliccare sulla piccola freccia. Questo valore determina lo spessore del materiale della molla. Nell'opzione "Offset" *(freccia 2)* inseriamo il valore 0,1, che definisce la distanza tra le spire. Nell'opzione "Rotations" *(freccia 3)* selezioniamo il valore 5, che definisce il numero di spire.

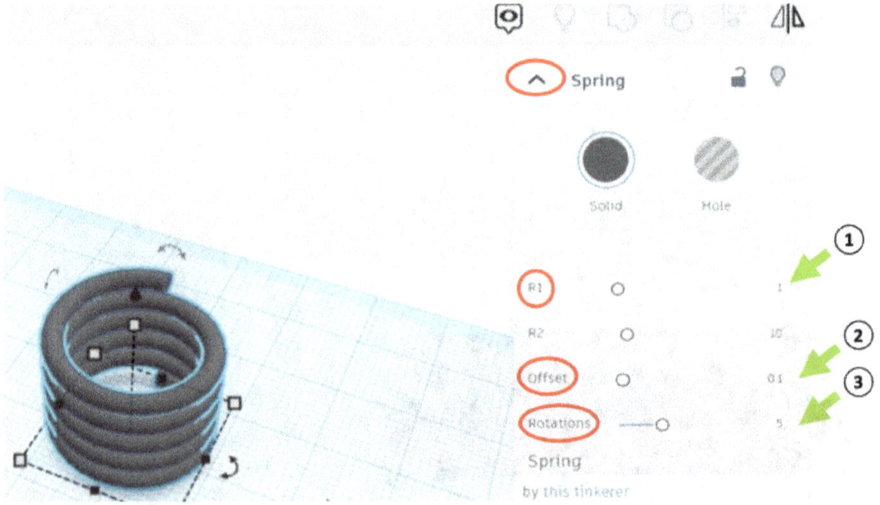

Poi cambiamo il diametro della molla a spirale cliccando su di essa e inserendo 14 mm ciascuno.

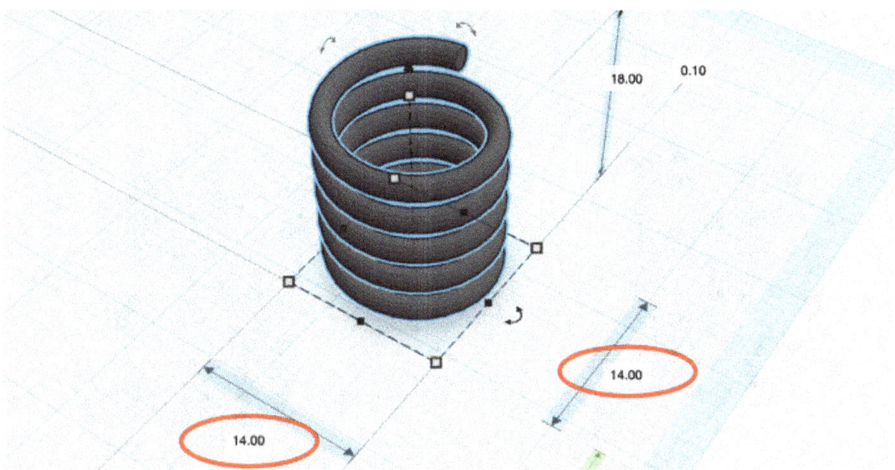

Ora ci occupiamo del corretto allineamento della molla a spirale. Per farlo, la specchiamo con la funzione "Mirror" *(freccia 1)*. Dopo aver cliccato sulla funzione, appariranno tre doppie frecce, tra le quali selezioneremo quella contrassegnata *(freccia 2)*.

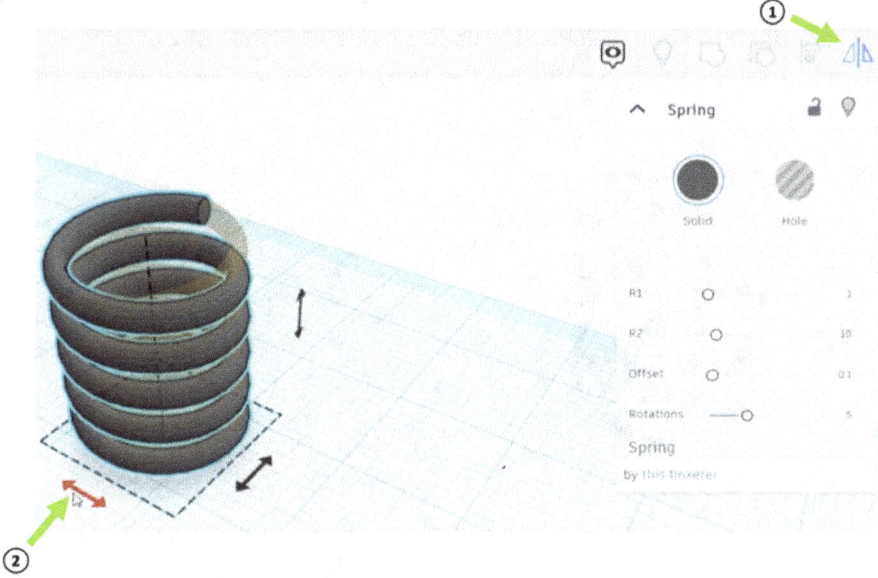

Inoltre, dobbiamo ancora ruotare la piuma. Per farlo, dobbiamo prima cliccare sul piano di lavoro dopo il processo di specchiatura e poi selezionare nuovamente la parte. Appariranno delle doppie frecce curve con le quali potremo ruotare la parte *(freccia 1)*. Ruotiamo la parte di -112,5°, con un senso di rotazione antiorario (freccia *2)*.

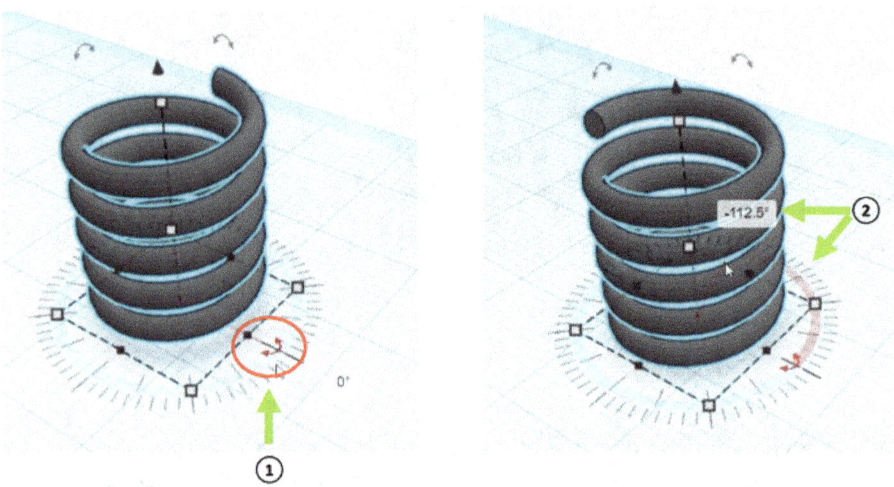

Ora abbiamo quasi finito di lavorare sul corpo base della molla a spirale. Prima di inserirla nella molletta, però, dobbiamo tagliare un pezzo nella parte inferiore della molla a spirale in modo che l'estremità inferiore finisca nella posizione desiderata. Per fare ciò, utilizziamo l'elemento cubo come ritaglio, che posizioniamo accanto alla molla a spirale e dimensioniamo con 14 mm di lunghezza e 7 mm di larghezza. Modifichiamo l'altezza a 2,5 mm.

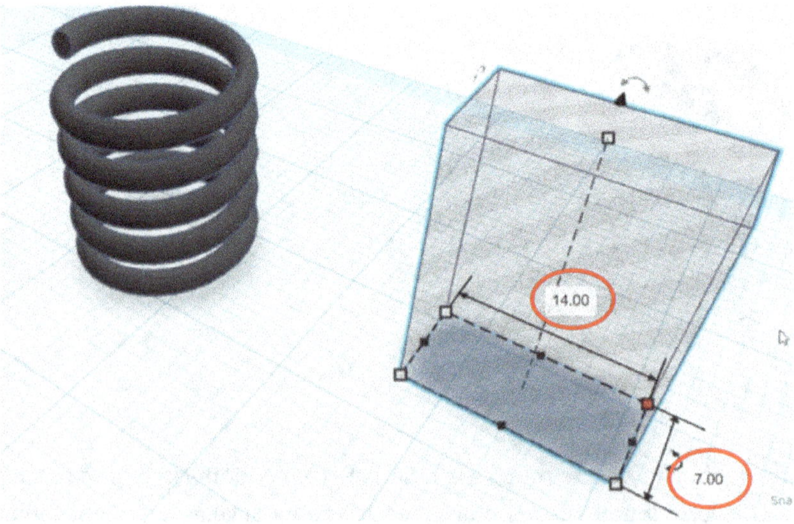

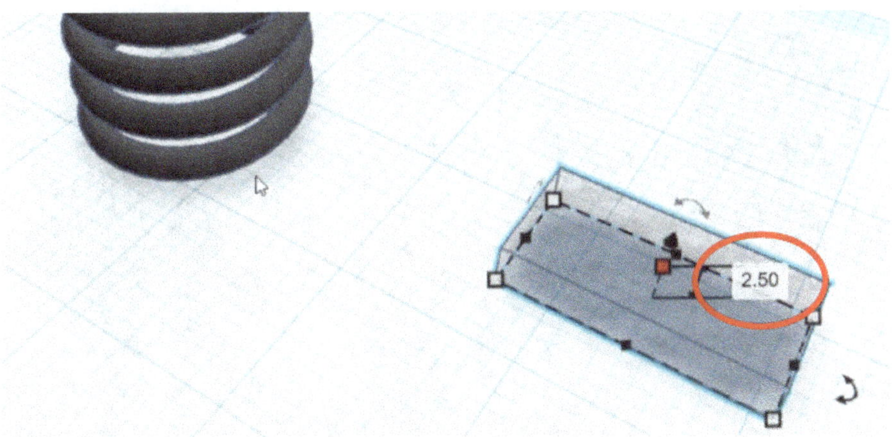

Posizioniamo l'elemento rettangolare nella parte inferiore della molla a spirale selezionando entrambe le parti *(freccia 1)* e cliccando sulla funzione "Align" *(freccia 2)*.

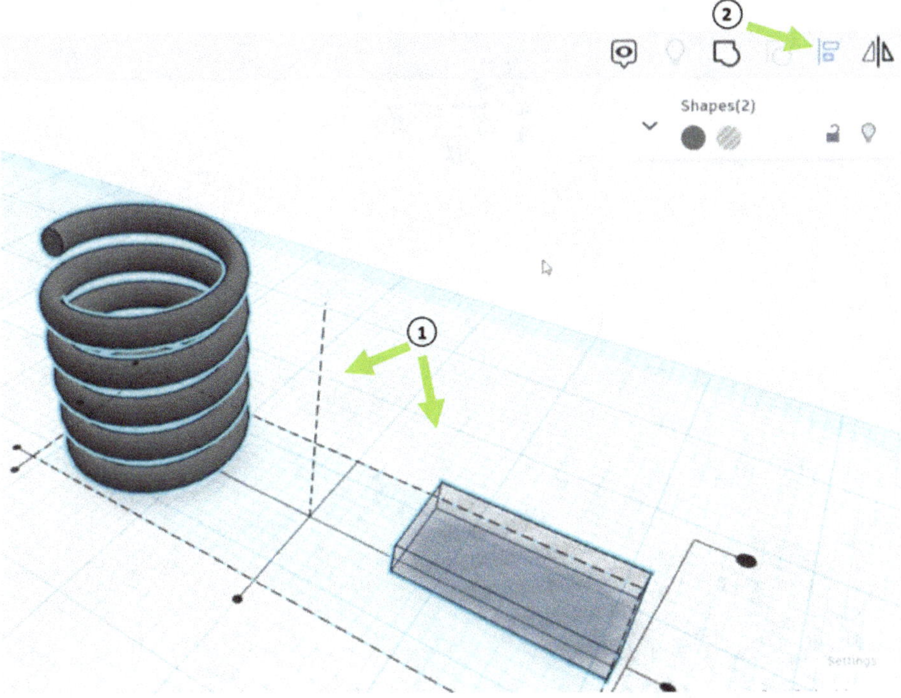

Selezioniamo prima il punto di allineamento centrale *(freccia 1)* e poi ancora il punto di allineamento sinistro *(freccia 2)*.

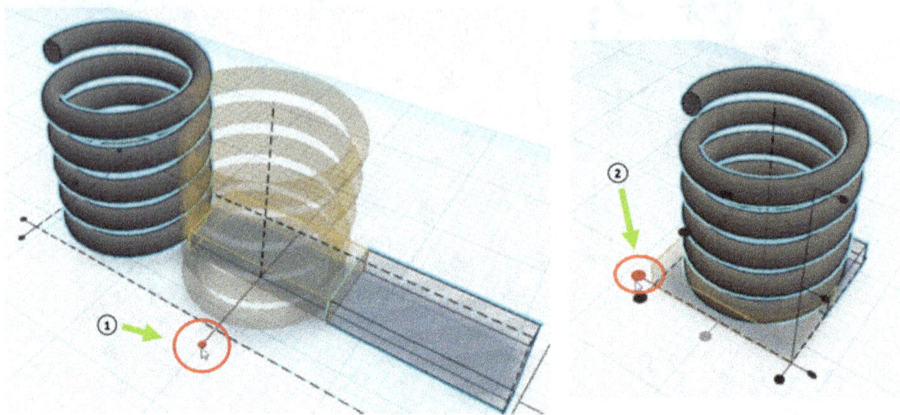

Poi cambiamo l'altezza della molla a spirale a 10,9 mm e la raggruppiamo con il cuboide in modo da eseguire il taglio.

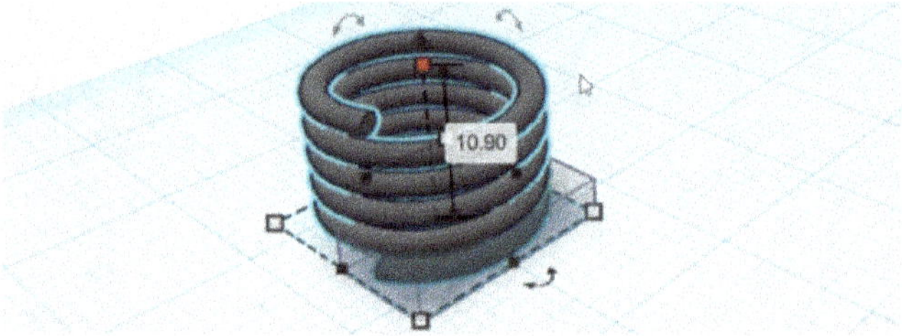

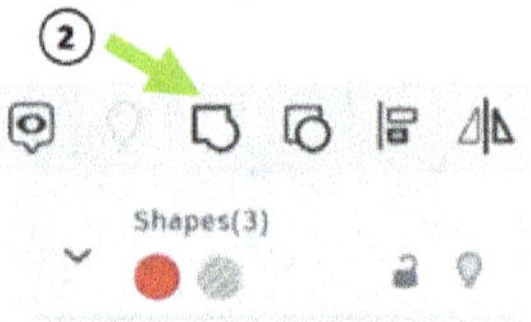

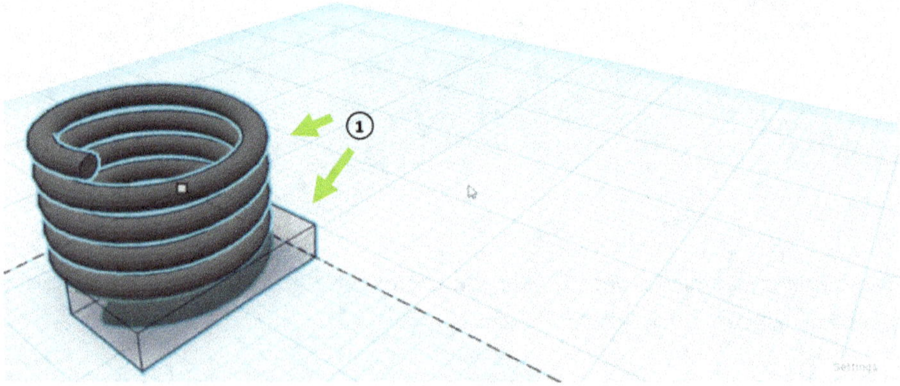

Ora possiamo spostare la molla a spirale approssimativamente nell'area centrale della molletta e poi posizionarla correttamente con il comando "Align". Per farlo, selezioniamo tutti gli elementi *(freccia 1)*, poi clicchiamo sul comando *(freccia 2)* e poi a turno sui rispettivi punti di allineamento centrale *(frecce 3, 4 e 5)*. Ora la molla a spirale è posizionata esattamente al centro.

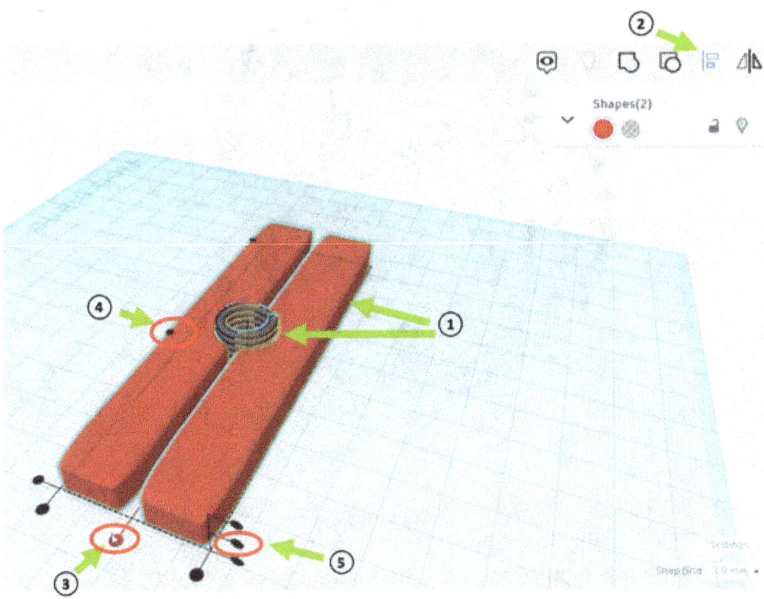

Nei prossimi passi vogliamo completare la molla a spirale. Per farlo, abbiamo bisogno di un elemento cilindrico nero, da posizionare accanto alla molletta e da colorare di nero. Aumentiamo anche il valore dell'opzione "Sides" nelle impostazioni fino al valore massimo, ovvero 64.

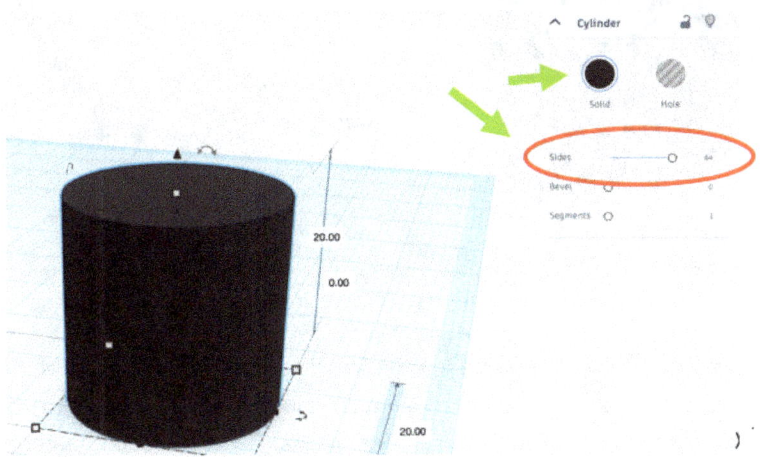

Prima di modificare le dimensioni, ruotiamo l'elemento cilindrico di 90 gradi come mostrato.

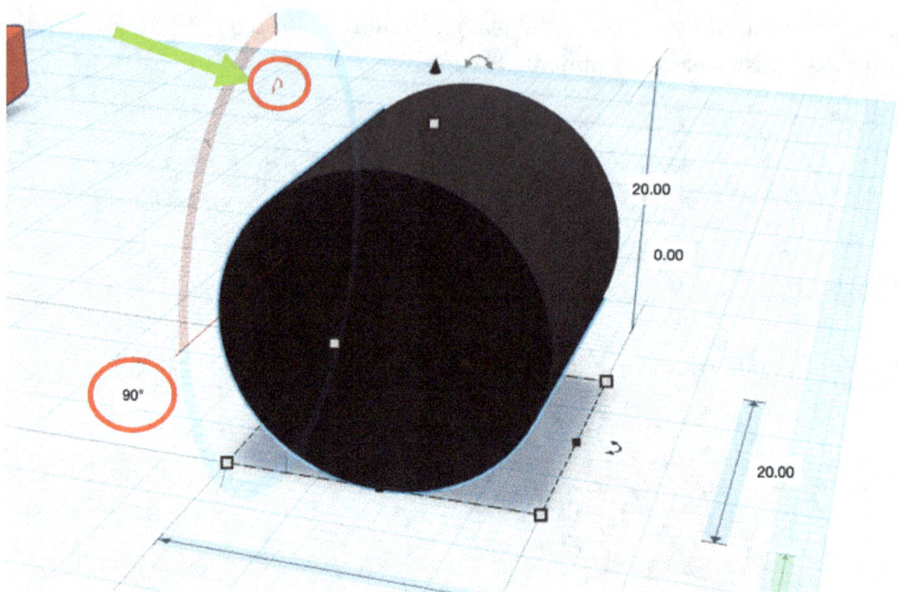

Quindi cambiamo l'altezza del cilindro a 1,24 mm *(freccia 1)* e la larghezza a 1,45 mm *(freccia 2)*. Per il momento lasciamo la lunghezza a 20 mm.

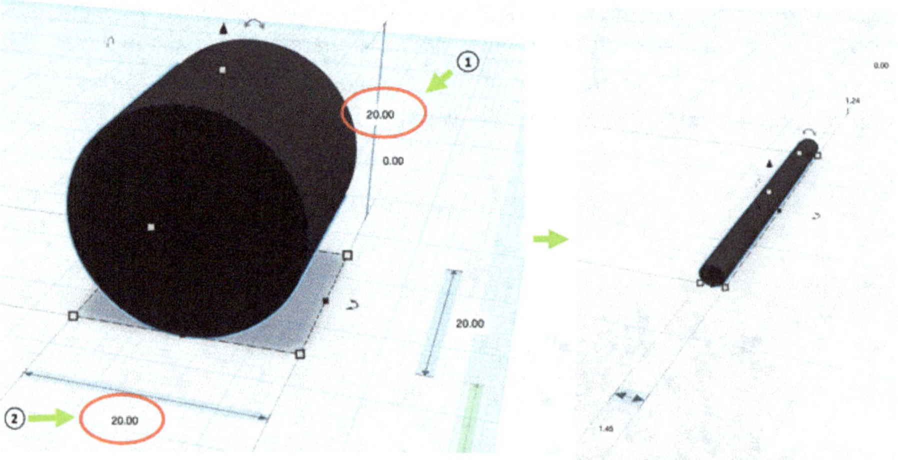

Ora vogliamo aggiungere questo elemento all'estremità superiore della molla a spirale. Dopo aver selezionato la molla a spirale e la parte cilindrica *(freccia 1)*, utilizziamo nuovamente il comando "Align" *(freccia 2)*. Inoltre, dobbiamo cliccare ancora una volta sulla molla a spirale *(freccia 2)* in modo da visualizzare i punti di allineamento corretti.

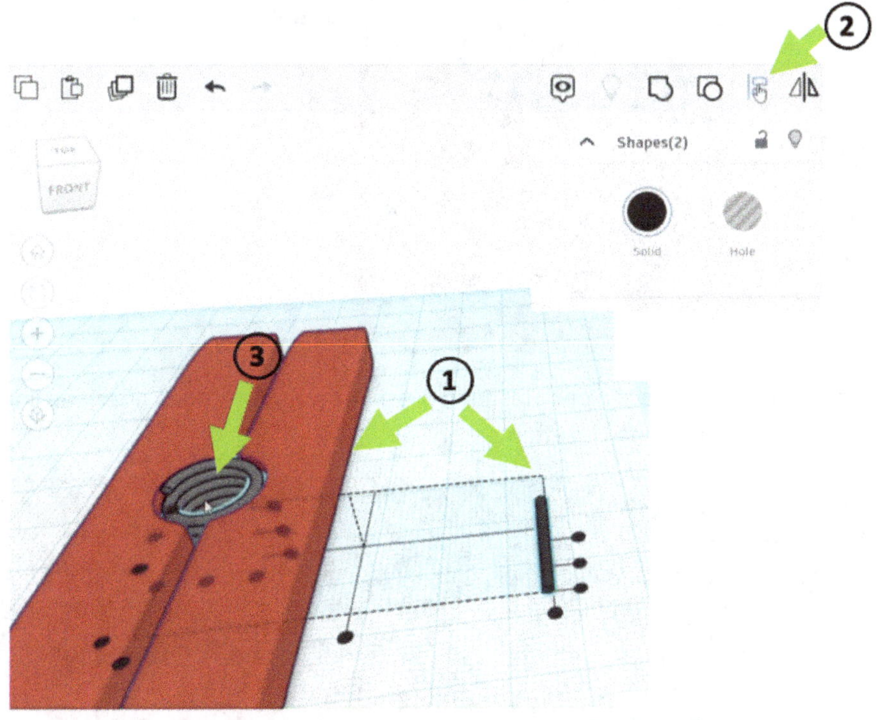

Ora basta cliccare in sequenza su tre dei punti di allineamento *(frecce 1, 2 e 3)*. L'elemento cilindrico si sposterà e alla fine si troverà nella posizione indicata.

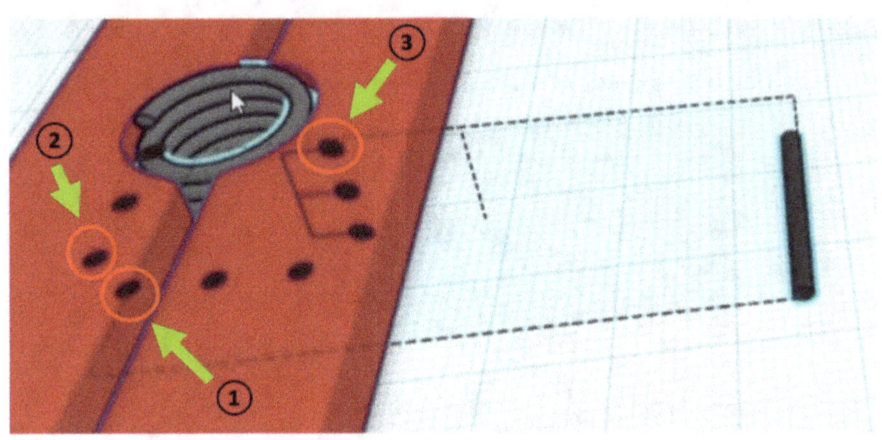

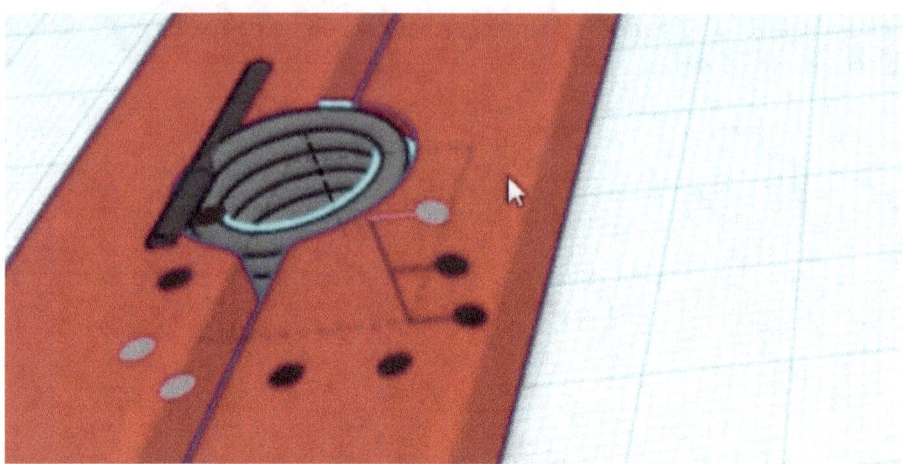

Utilizzando i tasti freccia della tastiera, possiamo poi spostarlo in direzione lineare finché non si posiziona correttamente.

Poi accorciamo la lunghezza della parte cilindrica a 8 mm.

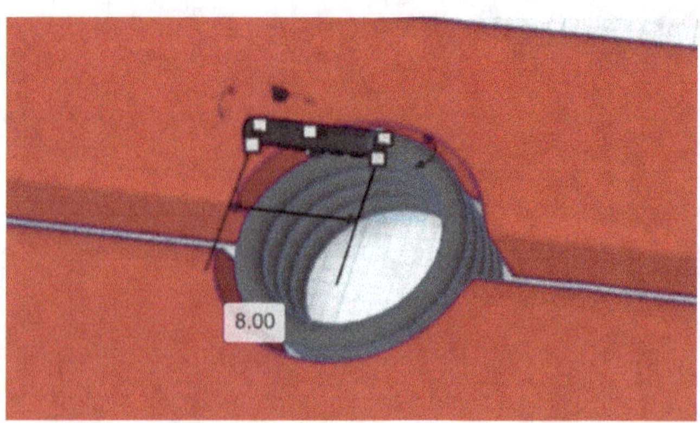

Successivamente, duplichiamo e ruotiamo la parte selezionandola *(freccia 1),* premendo la funzione "Duplicate and repeat" *(freccia 2)* e poi ruotandola di 45° *(freccia 3).*

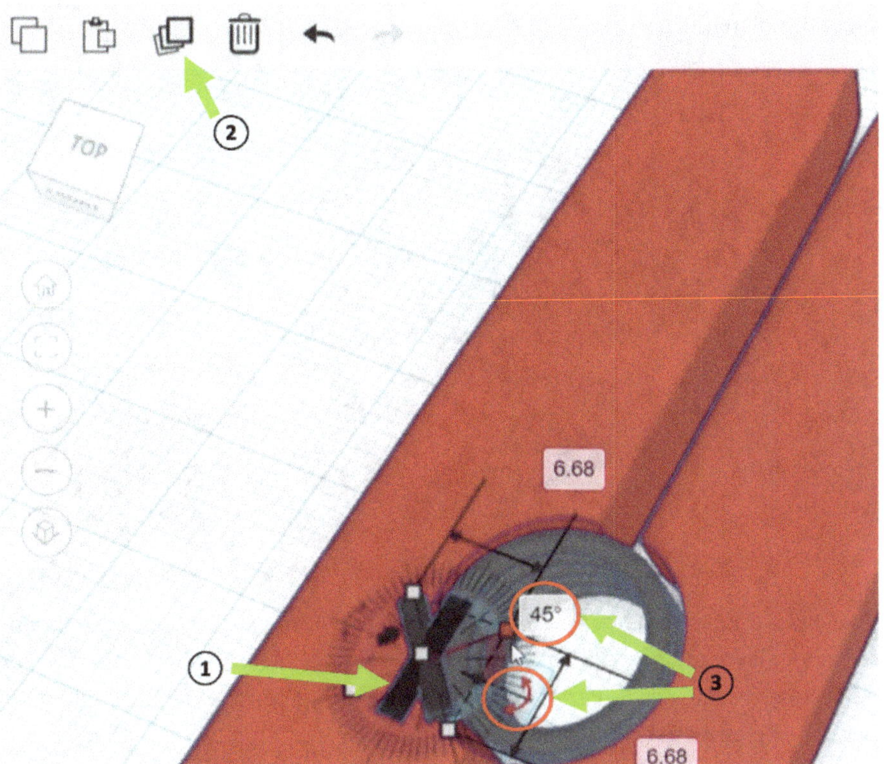

Dopo aver posizionato la parte duplicata e ruotata in modo ragionevolmente appropriato con i tasti freccia della tastiera, arrotondiamo sia la parte duplicata che quella originale ("Bevel" impostato su 2,5 e "Segments" impostato su 10).

Ora posizioniamo esattamente la parte cilindrica ruotata con il comando "Align". Per farlo, selezioniamo prima le due parti *(freccia 1 e 2)*, poi clicchiamo sul comando *(freccia 3)* e poi ancora sulla prima parte *(freccia 2)* in modo da visualizzare i punti di allineamento come mostrato. Per l'allineamento clicchiamo sul punto d'angolo (freccia *4)*.

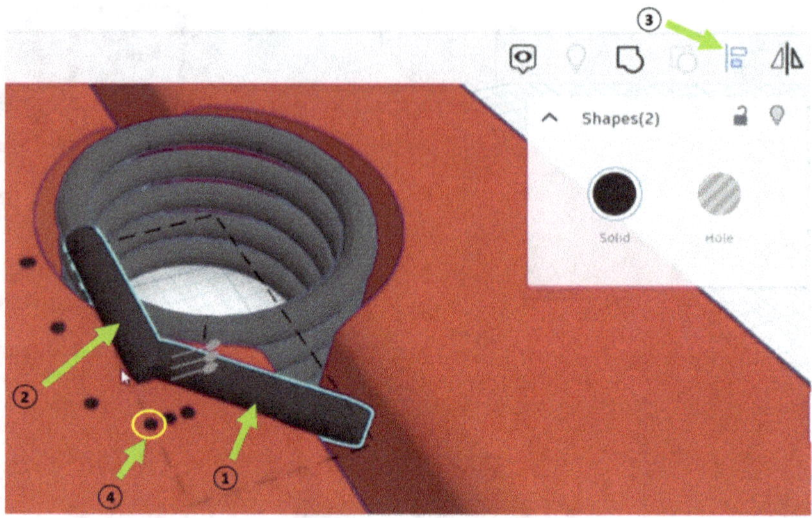

Vogliamo poi estendere l'elemento cilindrico. A questo scopo utilizziamo il comando "Workplane Tool" per spostare il piano di lavoro sulla faccia anteriore dell'elemento cilindrico. Per farlo, basta cliccare sul comando *(freccia 1)* e sulla faccia dell'elemento cilindrico *(freccia 2)*.

Poi possiamo cliccare al centro della faccia della parte - come mostrato - e trascinarla con il tasto del mouse premuto. La parte si estenderà.

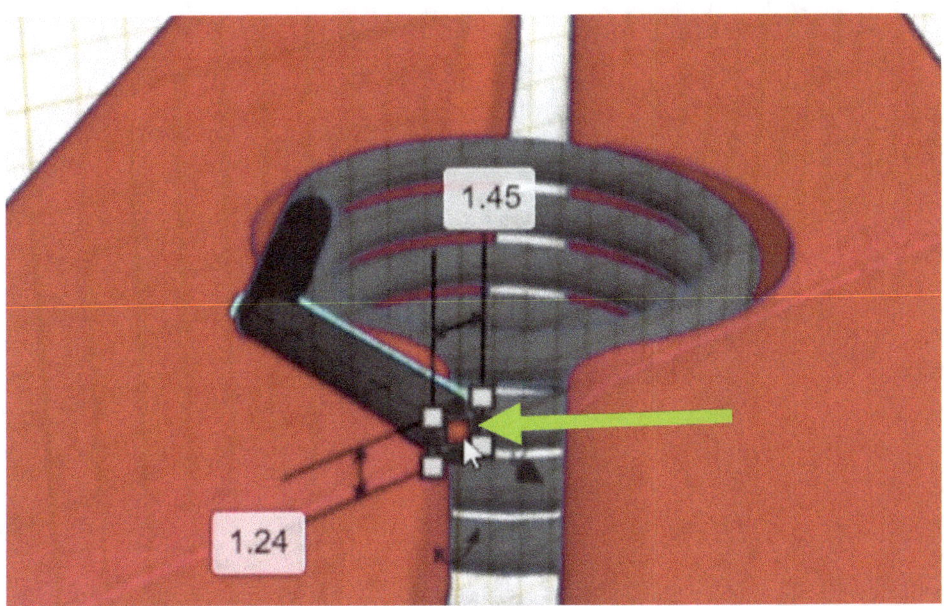

Tiriamo il pezzo finché non raggiunge una lunghezza totale di 34 mm e quindi si estende appena oltre l'estremità della molletta.

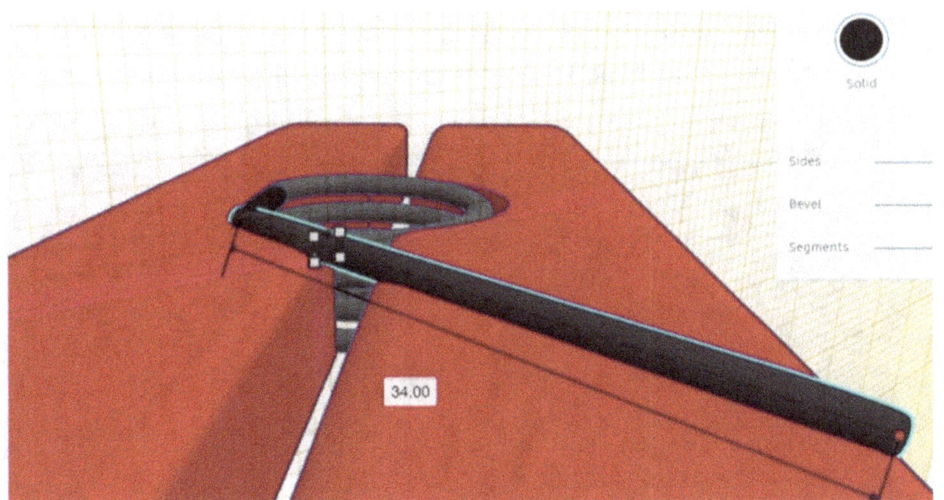

Quindi duplichiamo e ruotiamo questo pezzo lungo 34 mm utilizzando il comando "Duplicate and repeat". La rotazione deve essere di 90°. Dopo aver duplicato, ruotato e spostato il pezzo, l'aspetto dovrebbe essere quello mostrato.

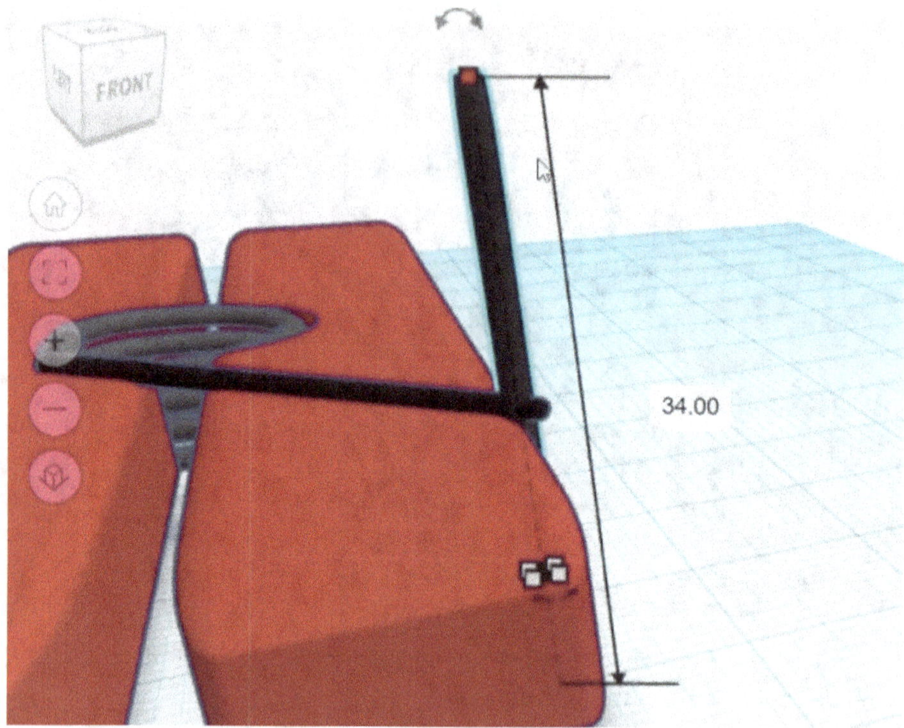

Naturalmente il pezzo è ancora troppo lungo. Cambiamo quindi la lunghezza in 9 mm e poi spostiamolo un po' in alto in modo che sia posizionato come mostrato.

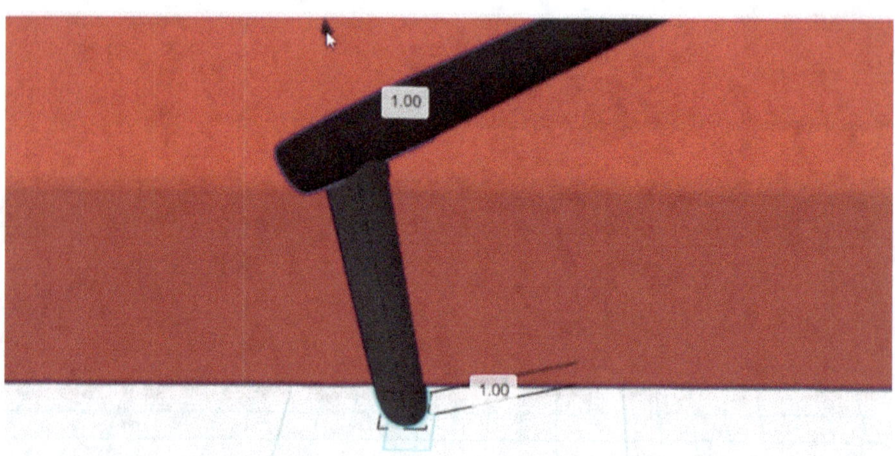

Dato che la parte orizzontale ora sporge un po' troppo oltre il morsetto, possiamo accorciarla a 33 mm utilizzando il comando "Workplane Tool" - come abbiamo fatto in un passaggio precedente - e comprimendo un po' la parte trascinandola con il mouse.

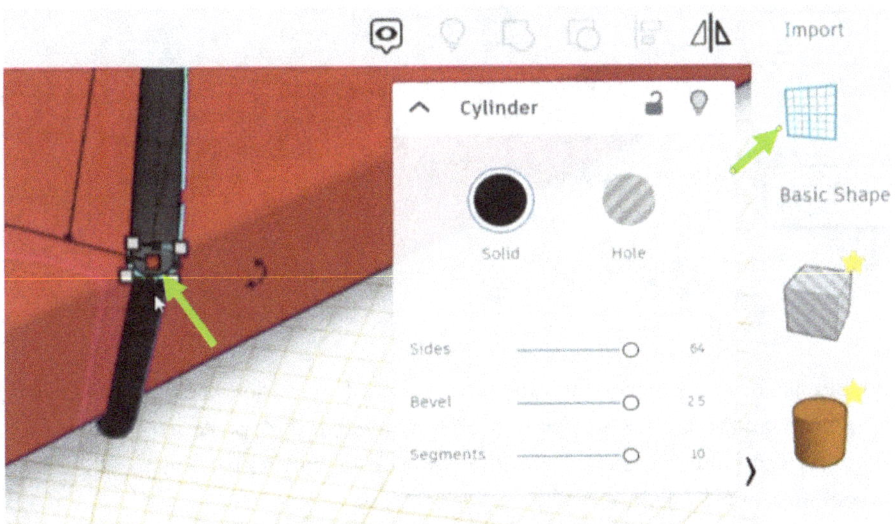

Naturalmente, ora dobbiamo aggiungere gli elementi cilindrici che abbiamo aggiunto sul lato superiore anche al lato inferiore. Per facilitarci il compito, nascondiamo il corpo di base della molletta *(freccia 1) cliccando sul* simbolo della lampadina *(freccia 2)*.

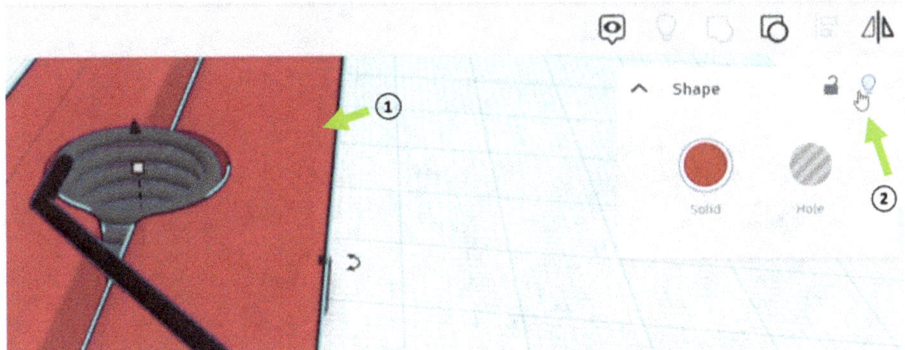

Selezioniamo quindi i tre elementi cilindrici neri ("SHIFT"-tasto per la selezione multipla) e blocchiamo la modifica con un clic sul piccolo simbolo del lucchetto nelle impostazioni in modo che le parti non cambino in modo indesiderato.

Poi duplichiamo e specchiamo questi tre elementi cilindrici cliccando sui comandi "Duplicate and repeat" e "Mirror". Facciamo questo uno dopo l'altro cliccando sulla doppia freccia mostrata in rosso. Puoi ruotare leggermente la vista in modo da avere una visuale migliore.

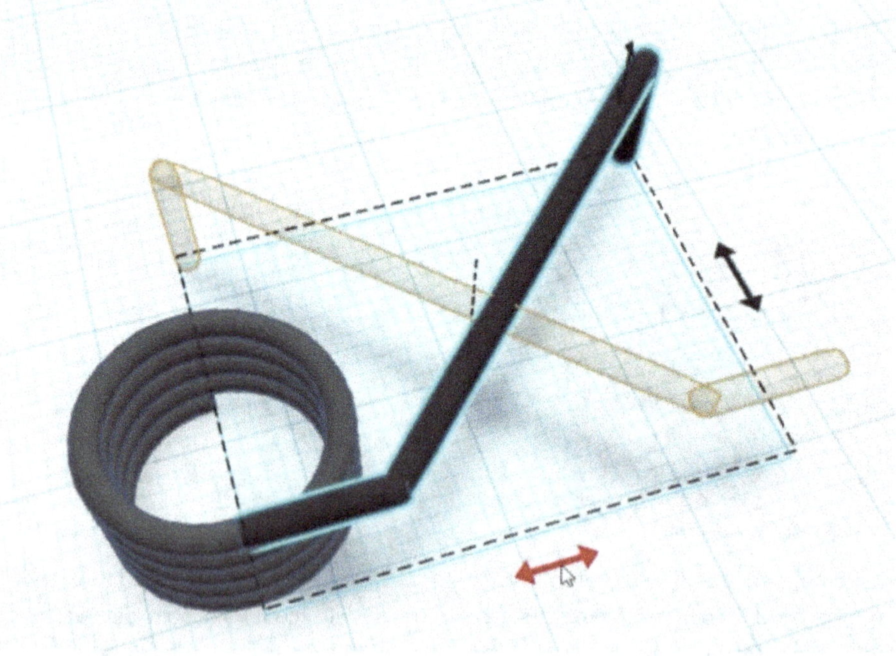

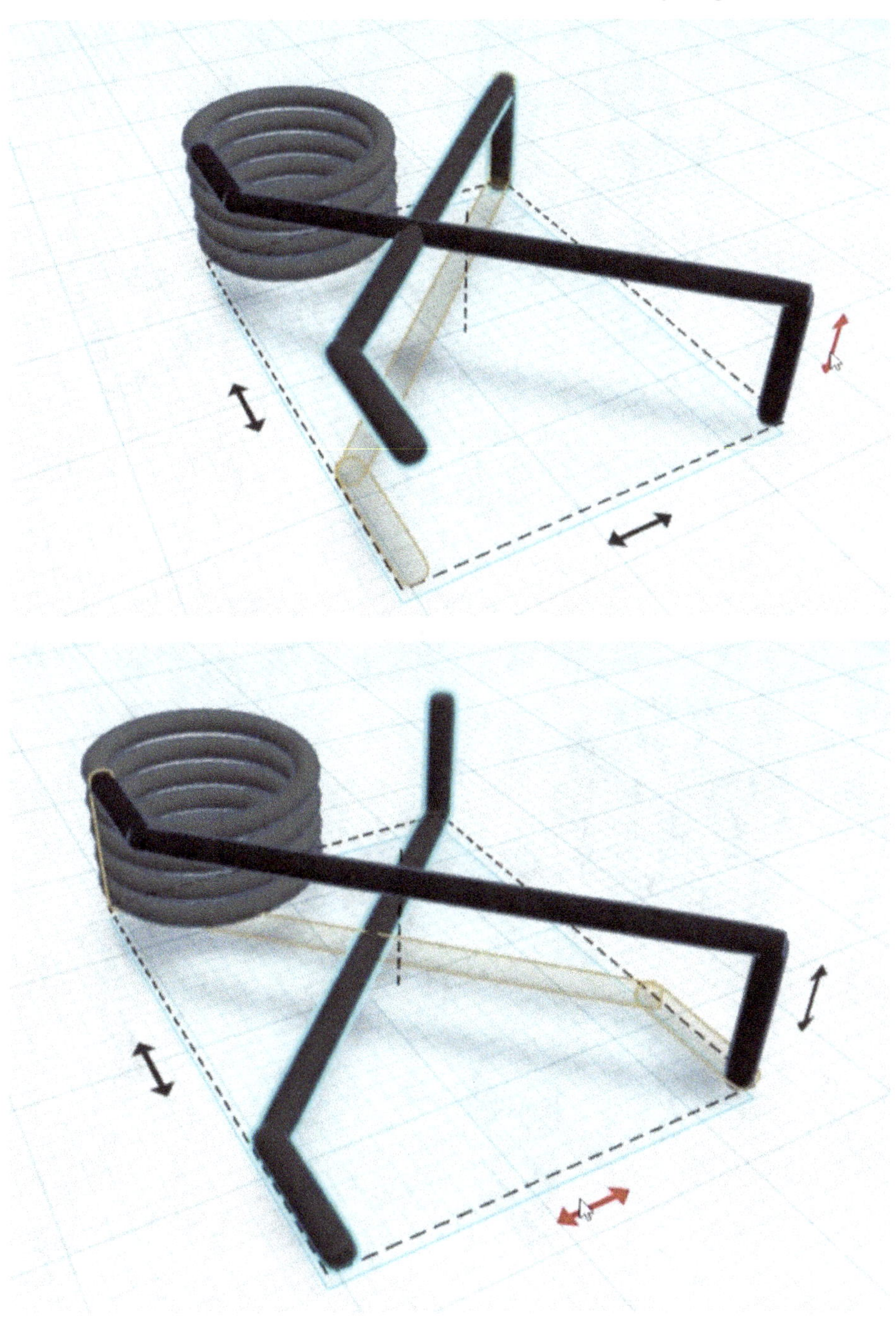

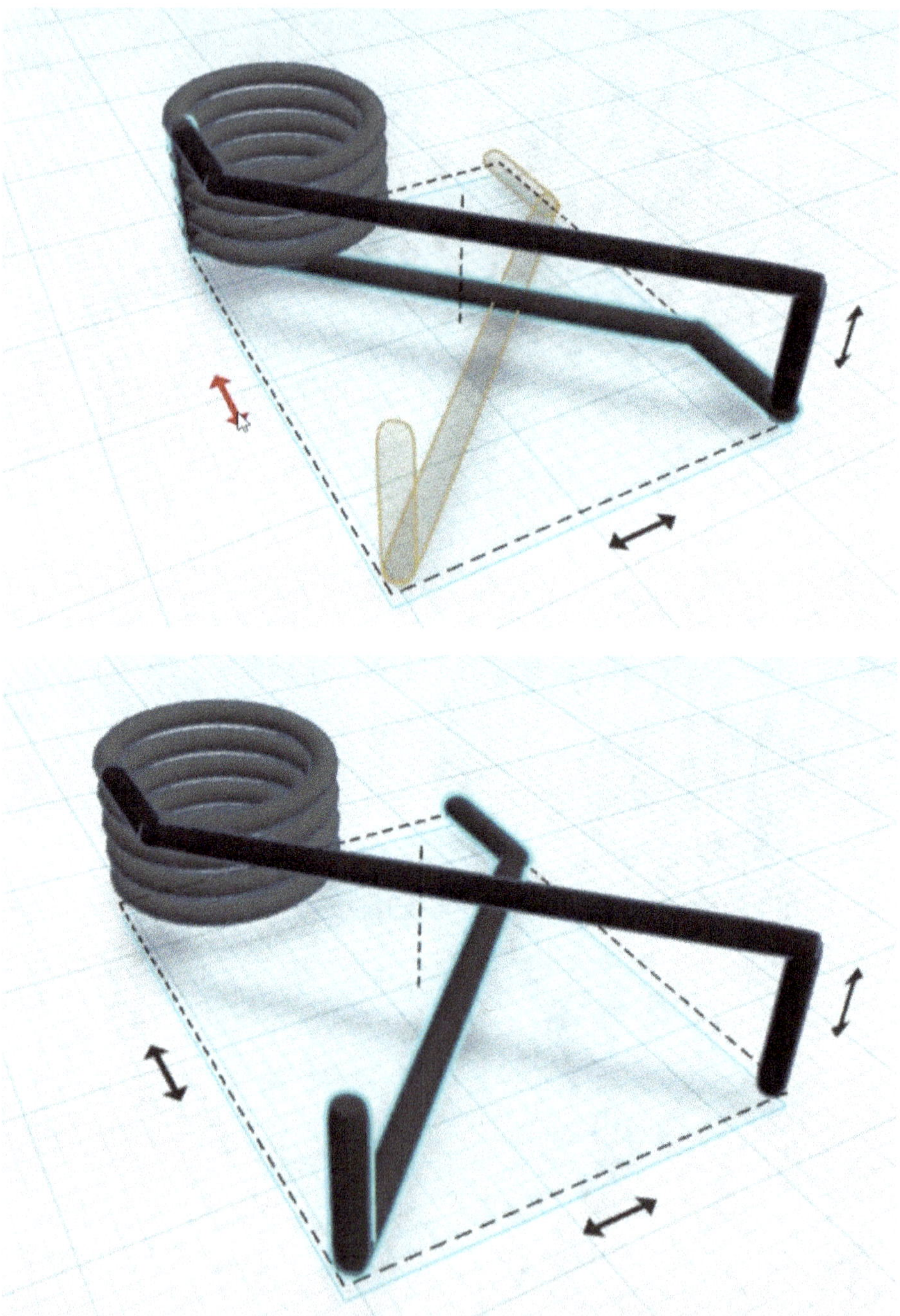

Ora l'orientamento è corretto e possiamo effettuare il posizionamento spostando le parti duplicate con il mouse o la tastiera.

Per ottenere l'altezza corretta, è sufficiente inserire uno spazio di 0,5 mm.

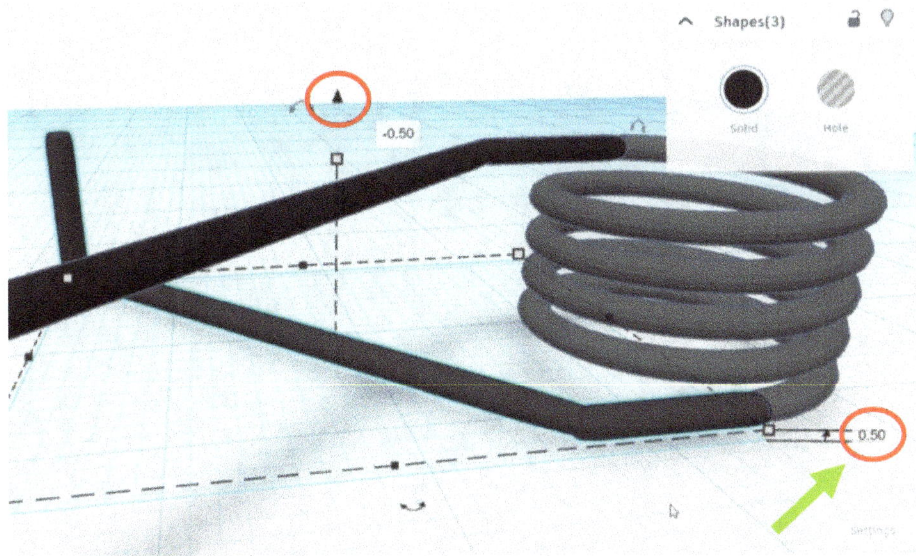

Poi selezioniamo tutti gli elementi attualmente visibili e li raggruppiamo cliccando sul comando "Group". Anche il colore viene regolato da questo processo.

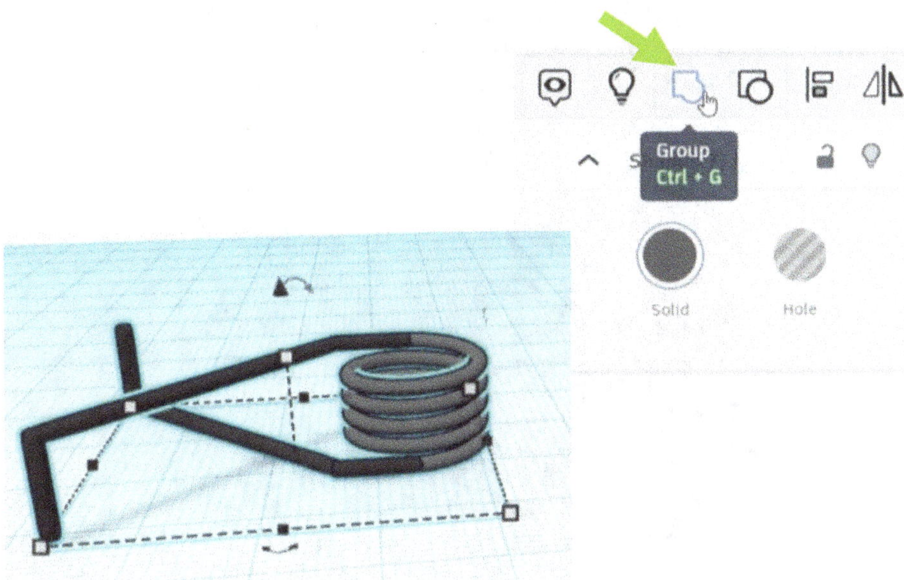

Con un clic sul simbolo della piccola lampadina possiamo poi mostrare nuovamente il corpo di base rosso della molletta.

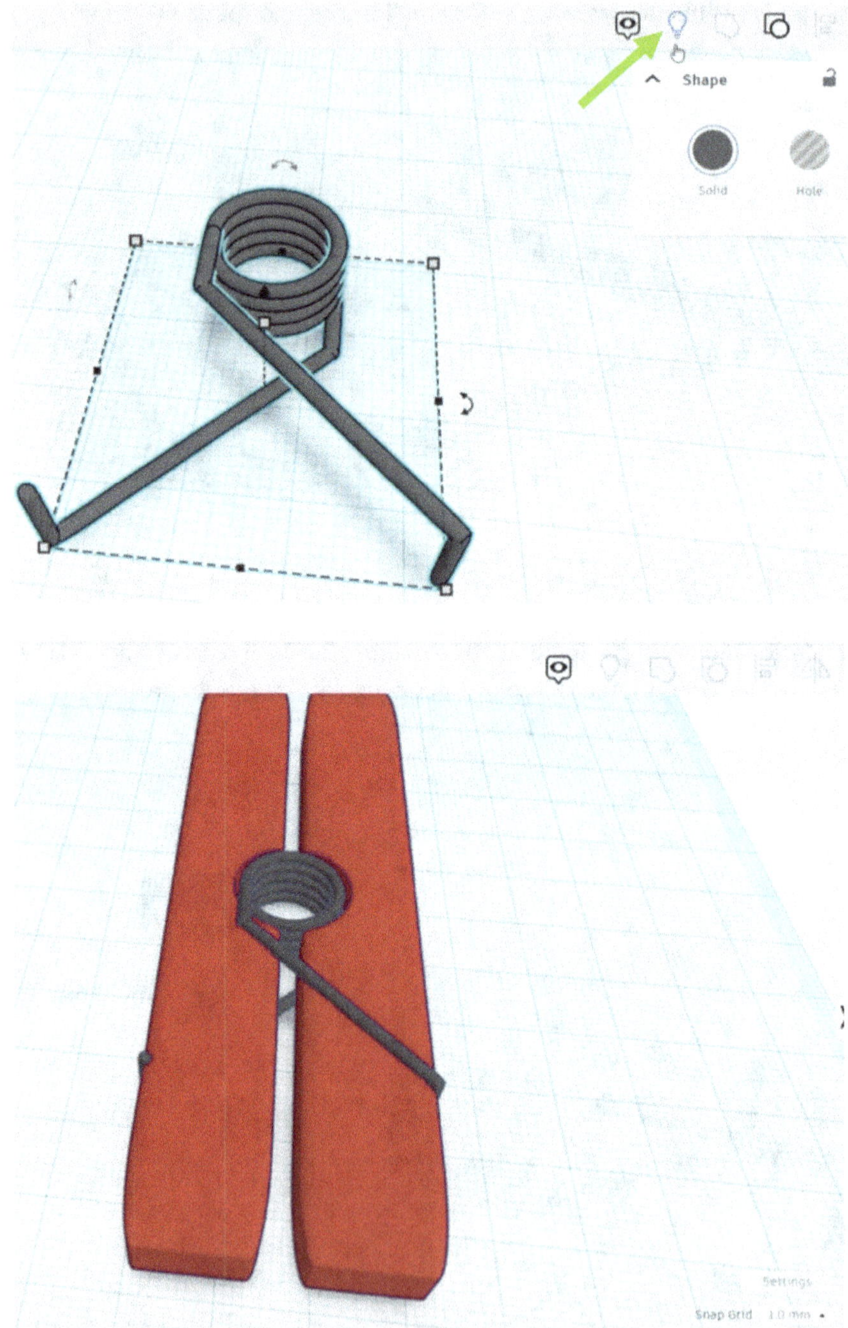

Shape
Solid
Hole
Settings
Snap Grid   1.0 mm

La molletta sembra quasi finita, ma mancano ancora due elementi. In primo luogo, abbiamo ancora bisogno di un'apertura a forma di cuneo nell'area posteriore e, in secondo luogo, di un'area frastagliata nella parte anteriore.

Per prima cosa ci occupiamo della sezione a forma di cuneo. La creiamo, ad esempio, con l'aiuto dell'elemento verde "roof", che posizioniamo prima sul nostro piano di lavoro e poi ruotiamo di 90 gradi.

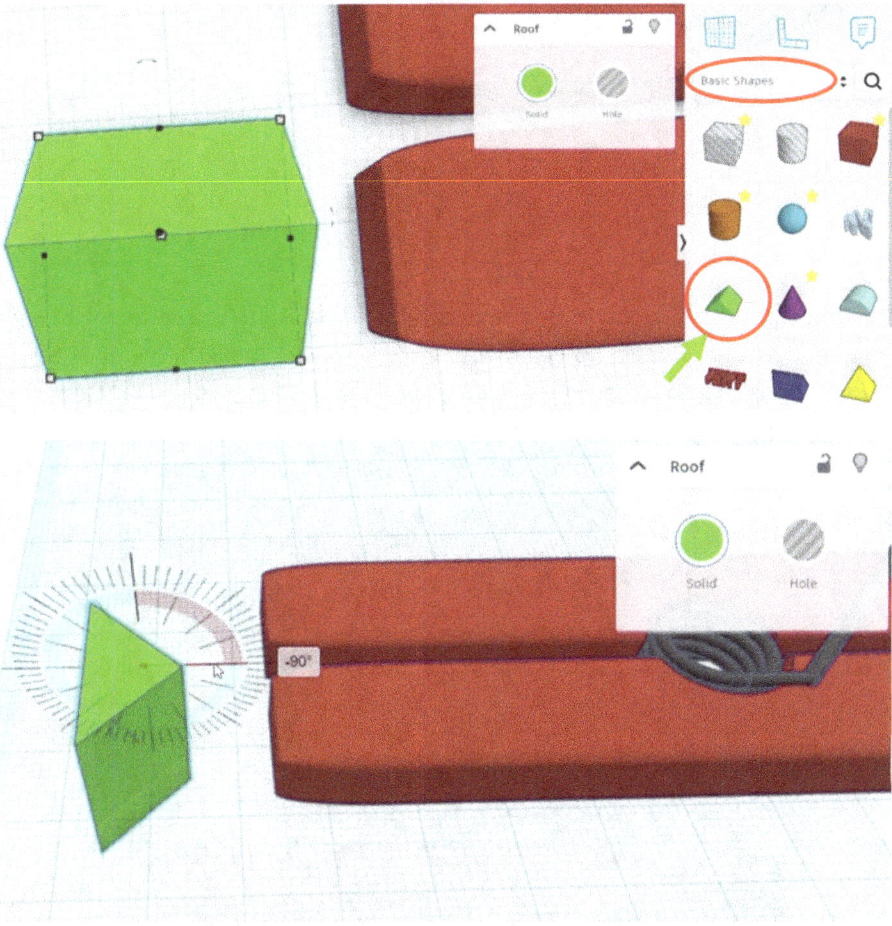

Poi estendiamo l'elemento a 66 mm cliccando su di esso e trascinando uno dei punti centrali sul lato.

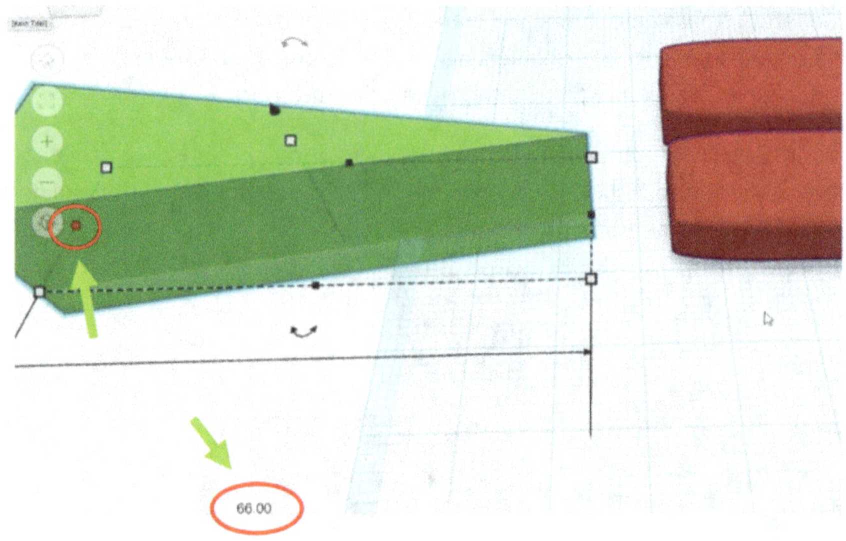

Poi lo allarghiamo in modo analogo a circa 39 mm, attiviamo l'opzione "Hole" nelle impostazioni e posizioniamo l'elemento al centro della molletta con la funzione "Align". Per il posizionamento con la funzione "Align" dobbiamo prima selezionare entrambi gli elementi, poi cliccare sul pulsante "Align" e quindi cliccare nuovamente sulla molletta in modo da visualizzare i punti di allineamento corretti.

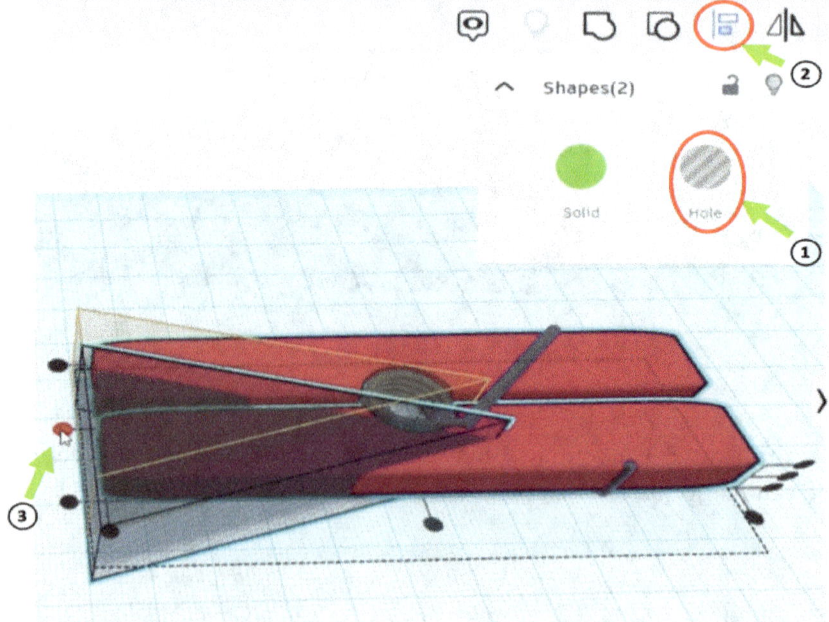

Infine, spostiamo l'elemento un po' indietro con i tasti freccia della tastiera in modo che la sezione inizi approssimativamente al centro della molla a spirale e raggruppiamo tutti i corpi con la funzione "Group".

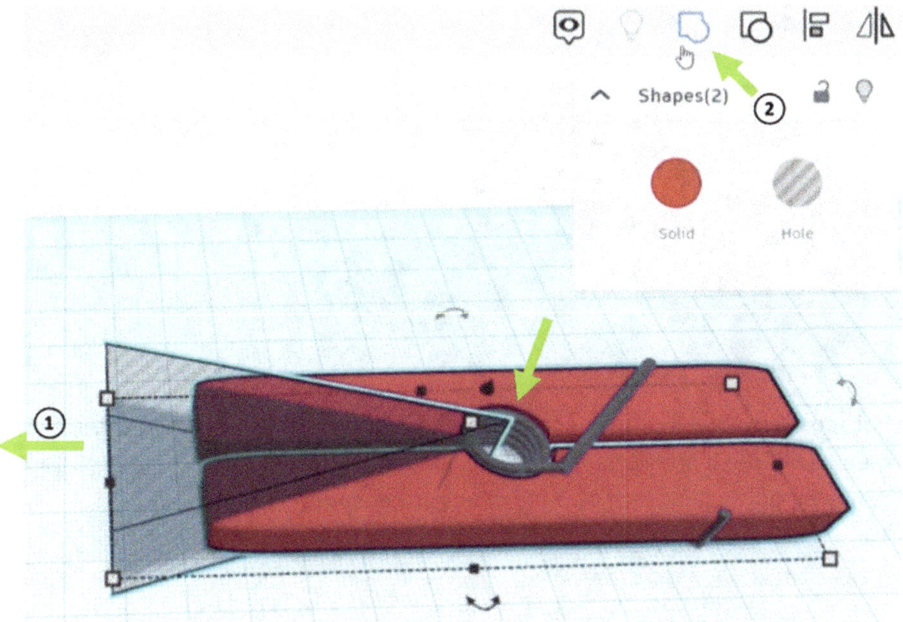

Ora che il ritaglio è finito, ci occupiamo dell'area frastagliata nella parte anteriore della molletta. Per questo utilizziamo l'elemento "round roof" e posizioniamolo sul piano di lavoro.

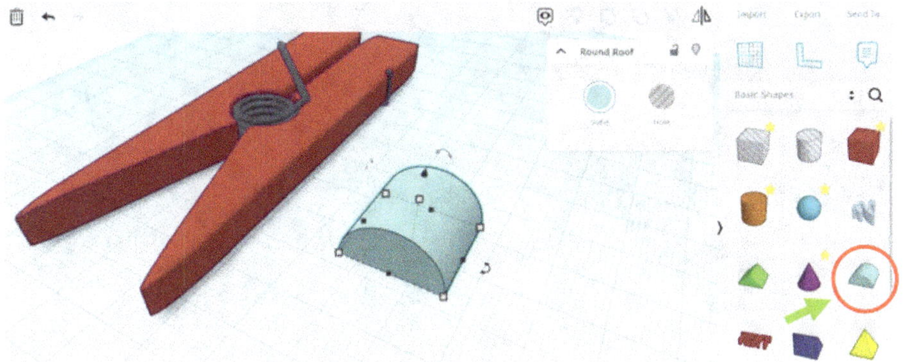

Copiamo e rispecchiamo l'elemento in un modo già noto.

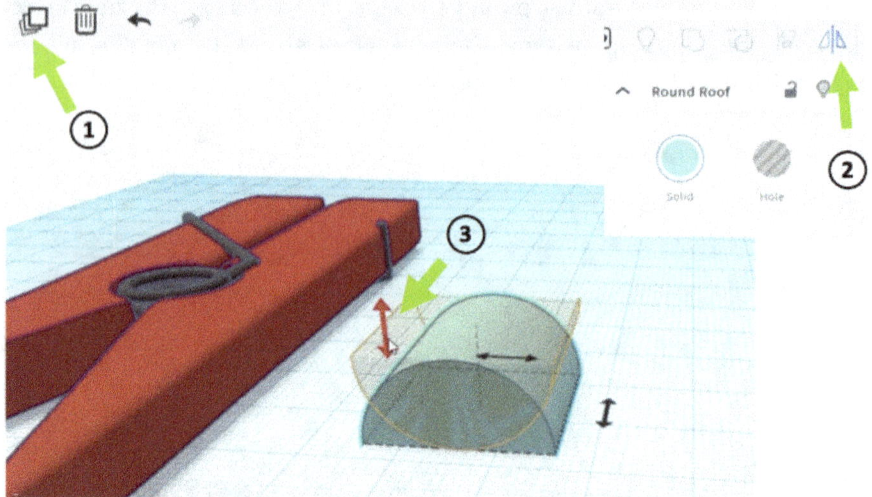

Poi spostiamo l'elemento specchiato leggermente a destra in modo che sia più o meno a filo con il primo elemento. Selezioniamo entrambi gli elementi e copiamoli di nuovo, poiché abbiamo bisogno di quattro elementi in totale.

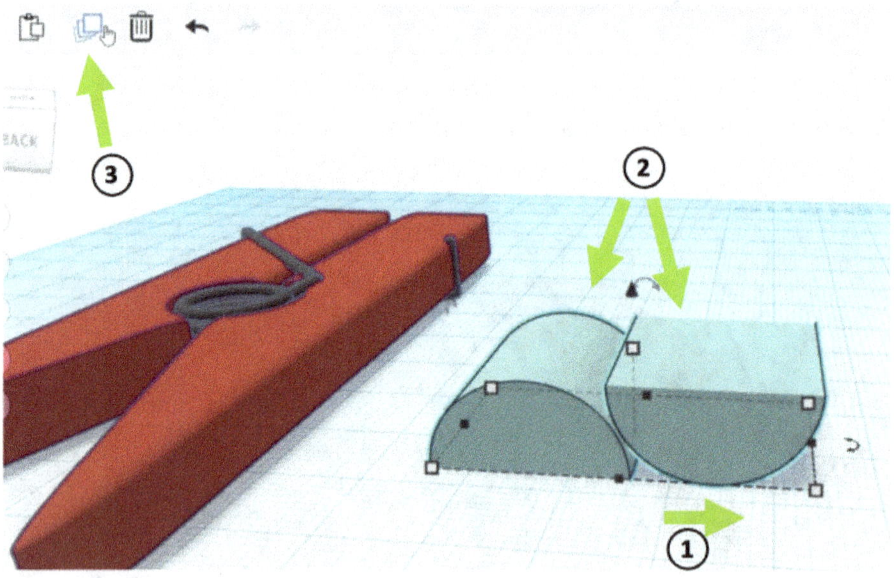

Dopo aver spostato nuovamente a destra gli elementi copiati in modo che siano adiacenti agli altri due, raggruppiamo tutte e quattro le forme.

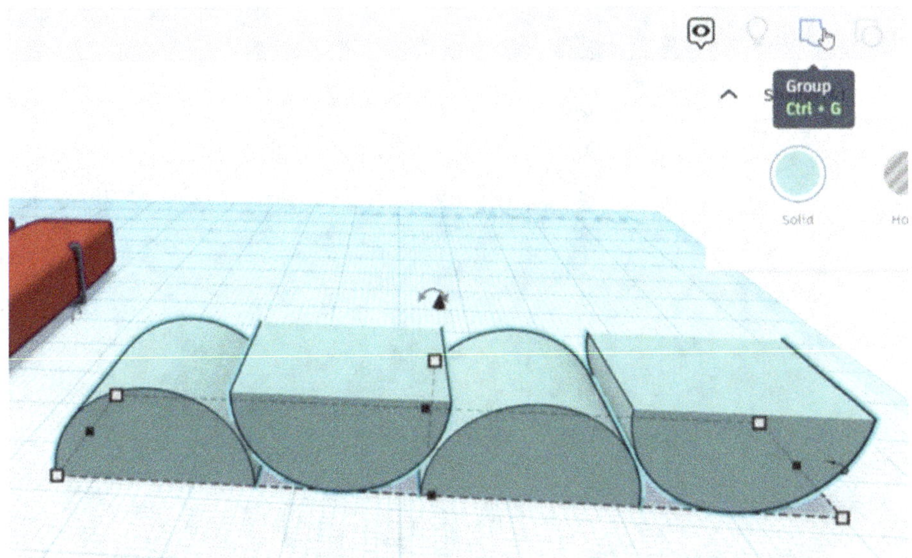

Poi ruotiamo l'elemento raggruppato prima di -90 gradi sull'asse longitudinale e poi di nuovo di -90 gradi sull'asse verticale, come mostrato.

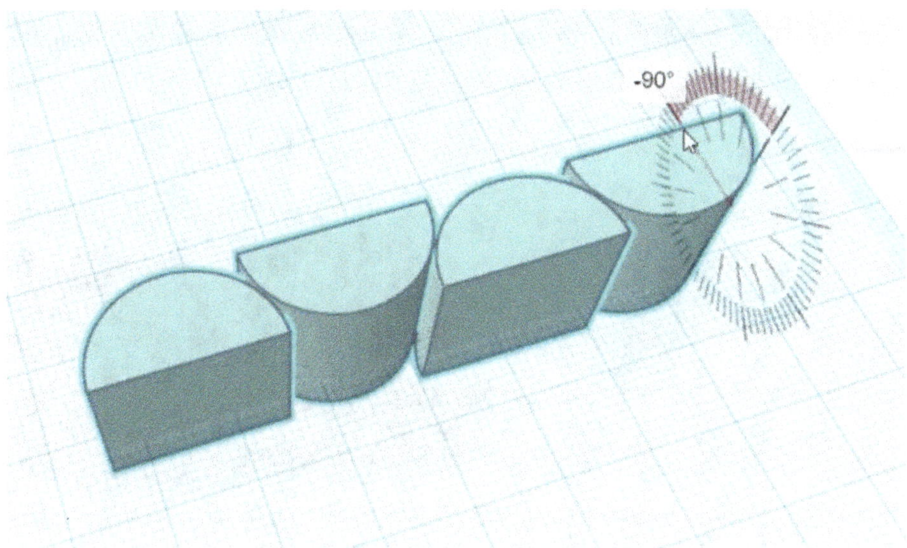

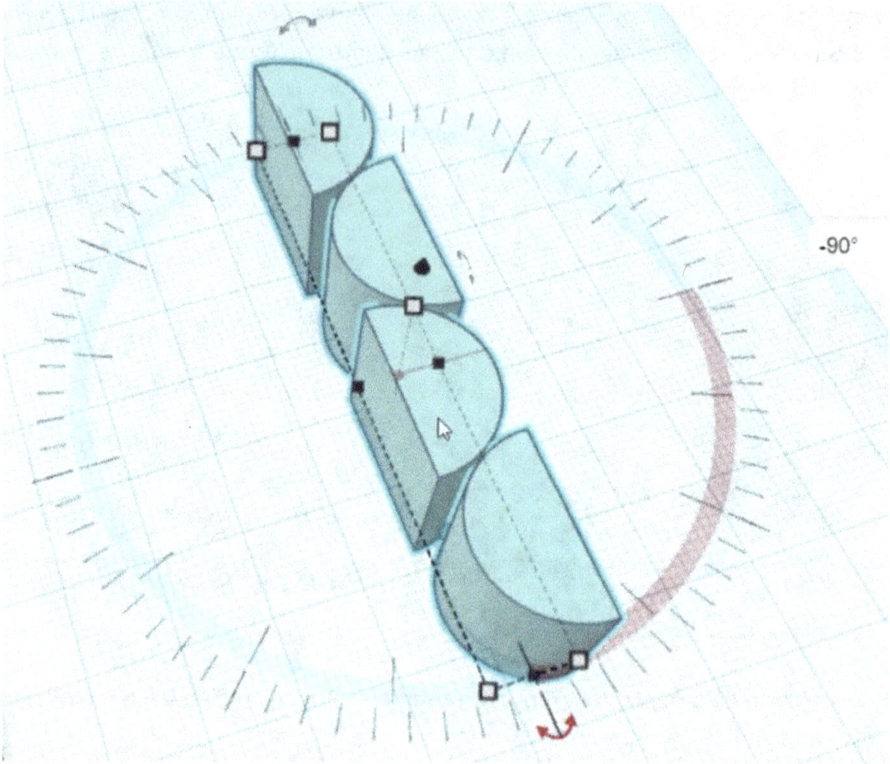

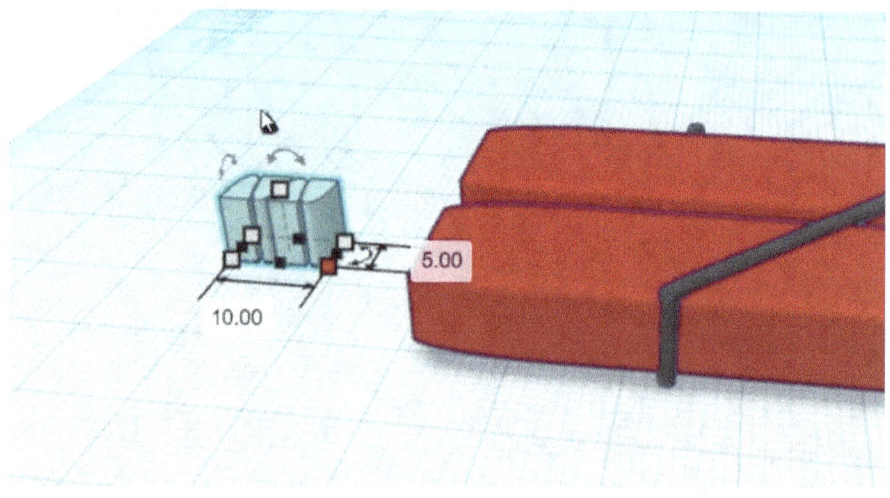

Dopo aver spostato l'elemento raggruppato nella parte anteriore della molletta, cambiamo l'altezza a 7 mm, la larghezza a 5 mm e la lunghezza a 10 mm.

Con la funzione "Align" allineiamo l'elemento raggruppato alla molletta. Lo facciamo selezionando prima tutti gli oggetti, premendo il pulsante "Align" e poi selezionando nuovamente la molletta in modo da visualizzare i punti di allineamento corretti. Dobbiamo eseguire questo processo due volte di seguito per poter allineare il pezzo centralmente in due direzioni (asse longitudinale e asse verticale).

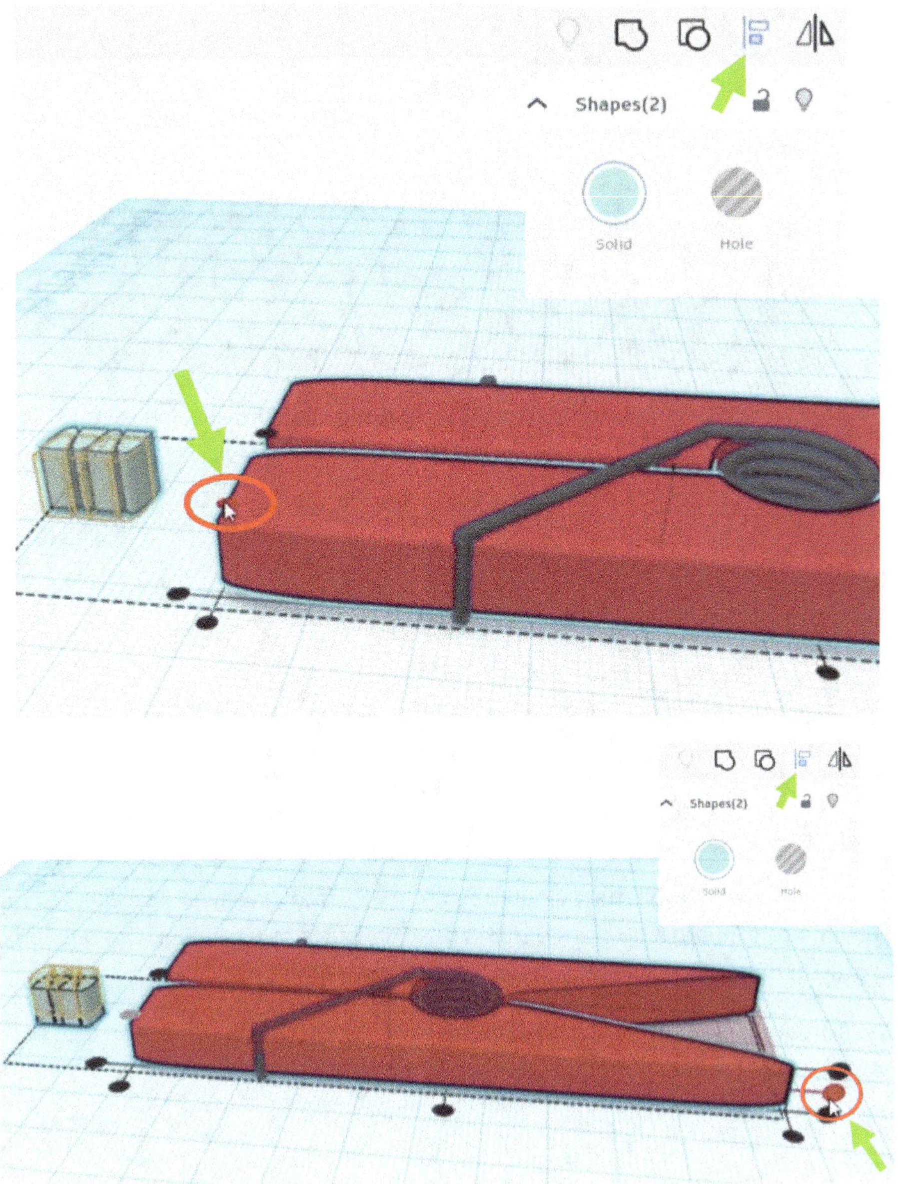

Dopo aver spostato il pezzo nella parte anteriore della molletta con i tasti freccia, possiamo ancora modificare la lunghezza a 20 mm, altrimenti sembra un po' corto.

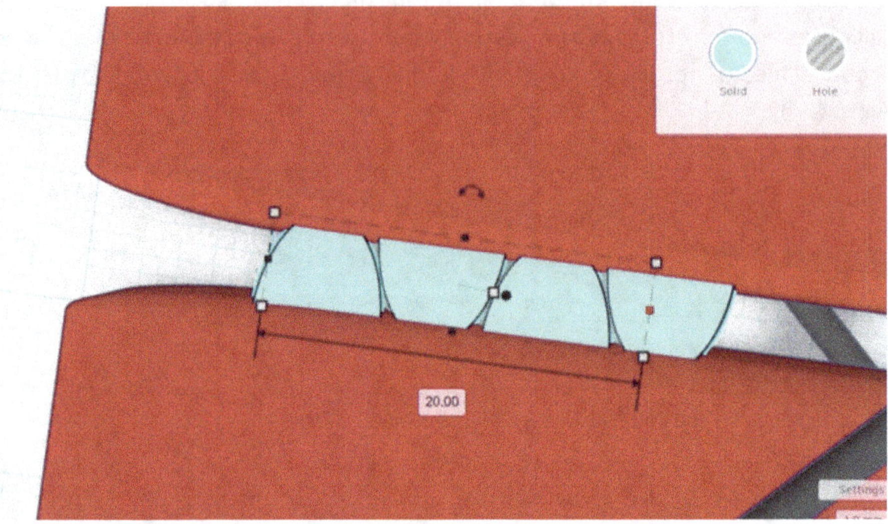

Inoltre, come ultimo passo possiamo - se lo desideriamo - selezionare un colore diverso per l'area frastagliata.

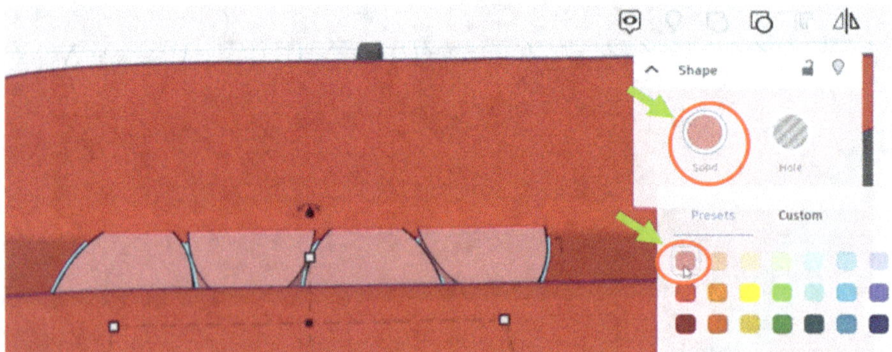

Ora il modello di molletta per abiti è finito! È stato un lavoro eccellente, ma abbiamo continuato a lavorare e siamo riusciti a portarlo a termine. Ora passiamo al prossimo progetto, che sarà molto emozionante e istruttivo.

Nel frattempo puoi semplicemente chiudere il progetto clothes peg: tutti i passaggi sono già stati salvati automaticamente dal software.

Capitolo 4 | Modello 3D Progetto 2: Torcia elettrica

Il nostro secondo progetto insieme in questo corso sarà un modello 3D di una torcia. Dovrebbe avere questo aspetto e puoi copiare il progetto nel tuo account al seguente link:

https://tinyurl.com/3muuhveb

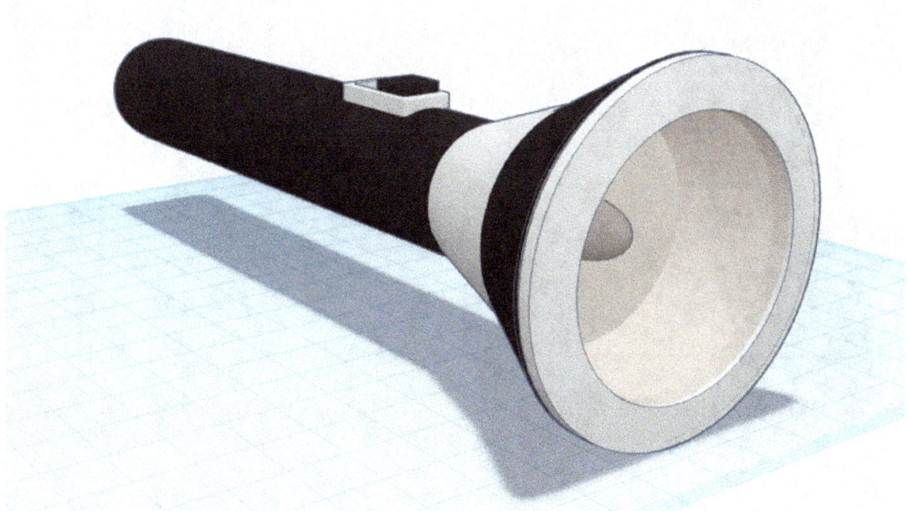

Naturalmente, creiamo un nuovo progetto per il modello. Il procedimento è identico a quello della molletta per i vestiti. Clicchiamo sulla scheda "Designs" sul lato sinistro della homepage e poi sul pulsante "+ New" in alto a destra. A questo punto possiamo selezionare l'opzione "3D Design" e verrà creato un nuovo progetto.

Per iniziare, creiamo il corpo di base o manico della torcia. Lo facciamo con un elemento cilindrico *(freccia 1)*, a cui diamo un diametro di 25 mm e una lunghezza di 140 mm *(freccia 2)*. Inoltre, nelle impostazioni, impostiamo le opzioni "Sides" e "Segments" ai valori massimi, cioè 64 e 10 *(freccia 3), in* modo che l'elemento cilindrico risulti ben arrotondato. Inoltre, effettuiamo un piccolo arrotondamento inserendo un 1 nell'opzione "Bevel" *(freccia 3)*. Infine, impostiamo un colore scuro, ad esempio nero (freccia *4)*.

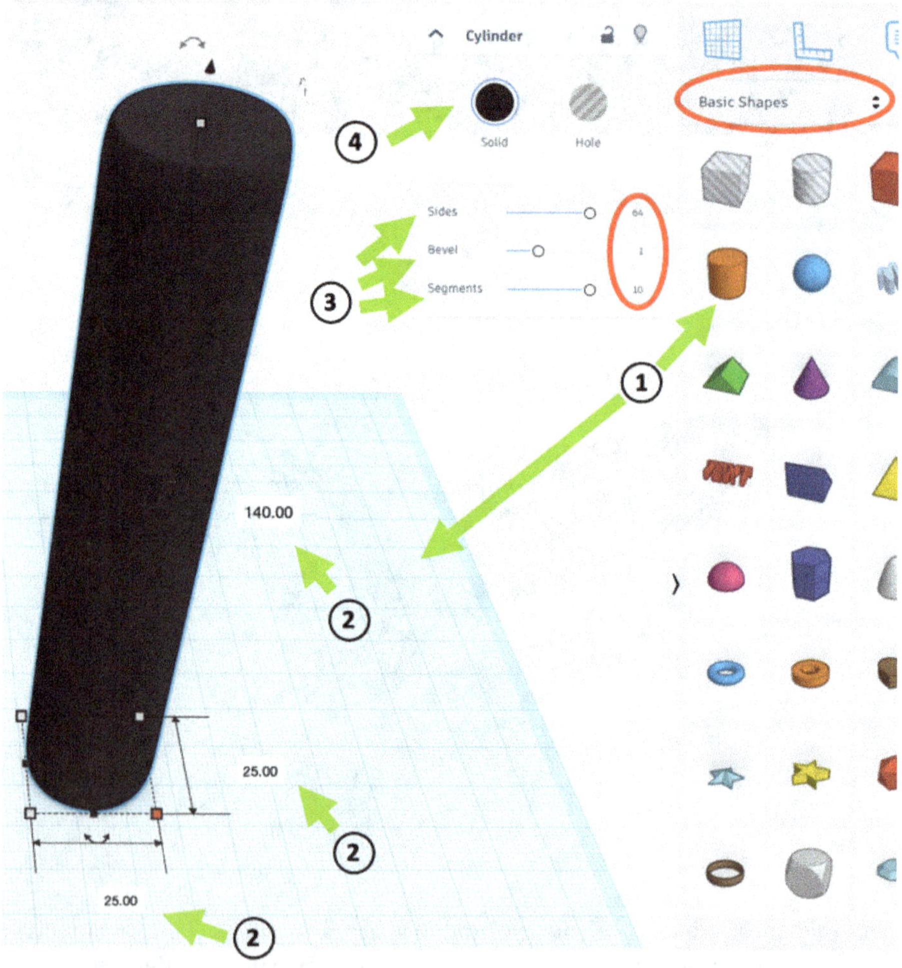

Successivamente, ruotiamo l'elemento cilindrico intorno al suo centro di 90 gradi in senso antiorario e spostiamolo prima in fondo a sinistra, in modo da avere spazio sufficiente per l'elemento successivo, che sarà la sezione anteriore a forma di cono della torcia.

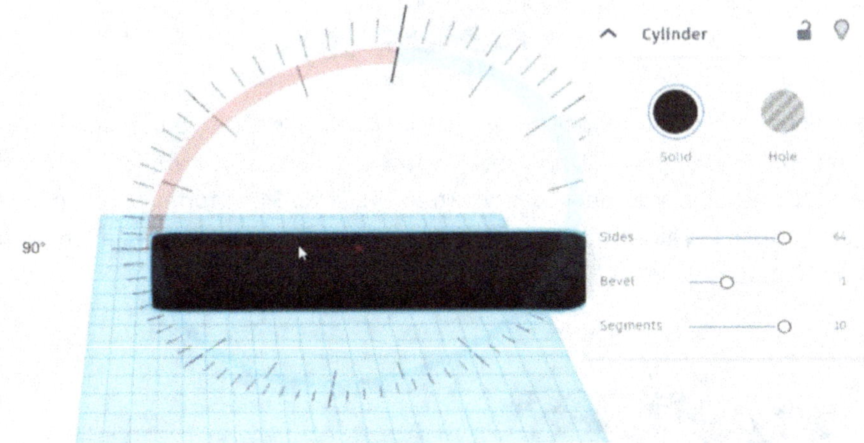

Selezioniamo l'elemento a forma di cono "cone" e posizioniamolo sul nostro piano di lavoro. Poi cambiamo il diametro dell'elemento in 60 mm inserendo il valore 60 per entrambi i lati.

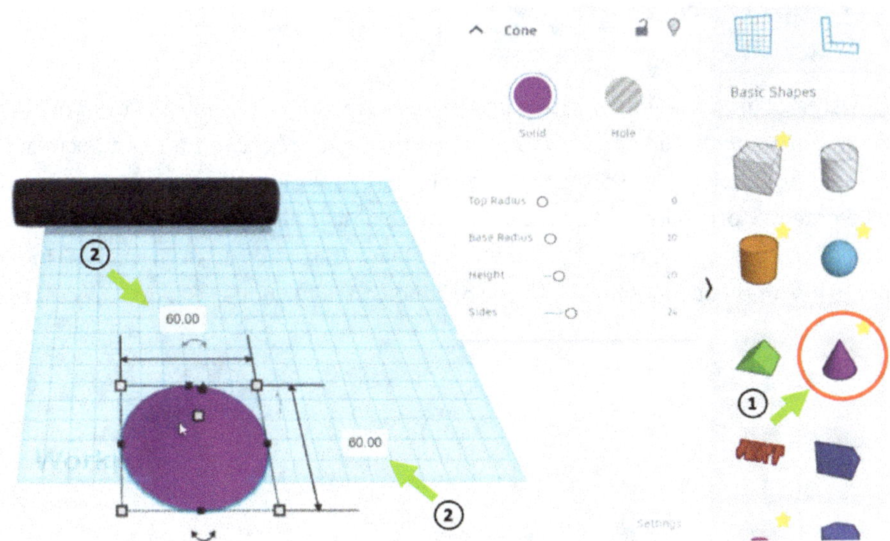

Modifichiamo anche l'altezza a 28 mm.

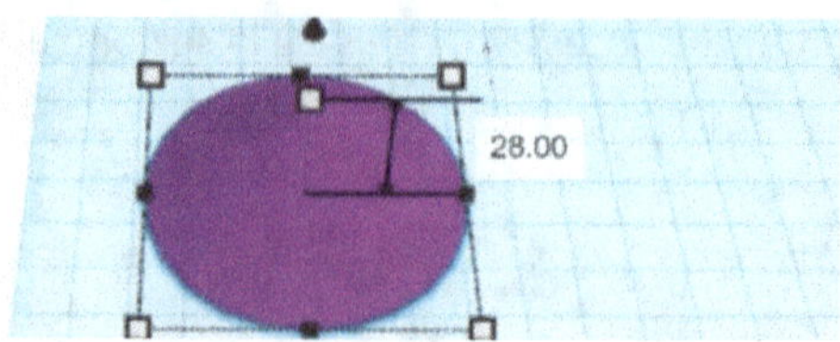

Poi apportiamo due modifiche alle opzioni dell'elemento conico. Innanzitutto, inseriamo un valore di 20 mm per l'opzione "Top Radius" e in secondo luogo impostiamo l'opzione "Sides" al valore massimo, cioè 64. La forma del cono cambia quindi. Lasciamo gli altri due valori di "Base Radius" e "Height" ai valori impostati, cioè 10 mm e 20 mm.

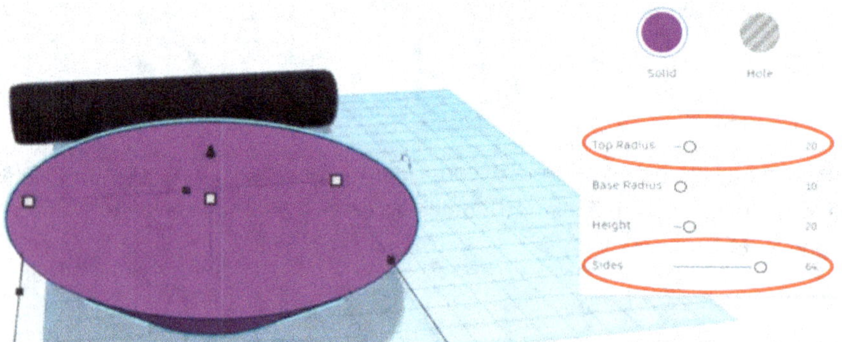

Ora eseguiamo i seguenti quattro passi uno dopo l'altro. Per prima cosa copiamo l'elemento con la funzione "Duplicate and repeat" *(freccia 1)*. Poi trasciniamo l'elemento copiato in verticale in modo che sia più alto di 2 mm rispetto all'elemento originale *(freccia 2)*. Poi cambiamo l'elemento dall'impostazione "Solid" a "Hole" *(freccia 3)*, perché abbiamo bisogno di un taglio e infine raggruppiamo i due elementi a forma di cono con la funzione "Group" *(freccia 4)*.

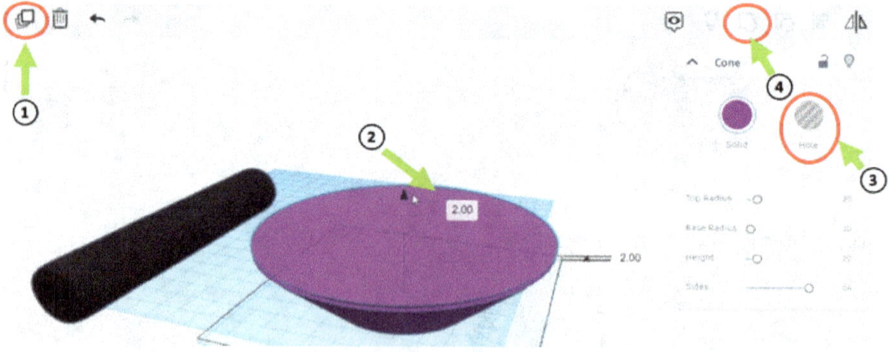

Il risultato è un elemento a forma di cono che assomiglia a una ciotola o a un paralume rovesciato.

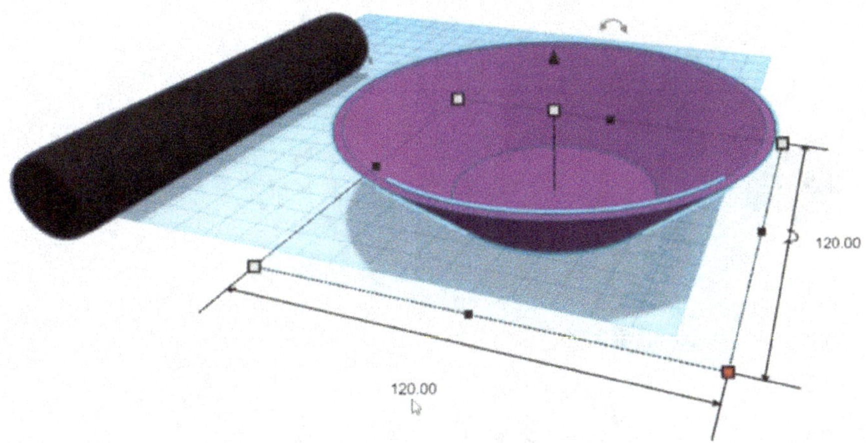

Tuttavia, abbiamo creato il pezzo un po' troppo grande, quindi ora cambiamo la lunghezza e la larghezza dell'elemento raggruppato in 60 mm ciascuno.

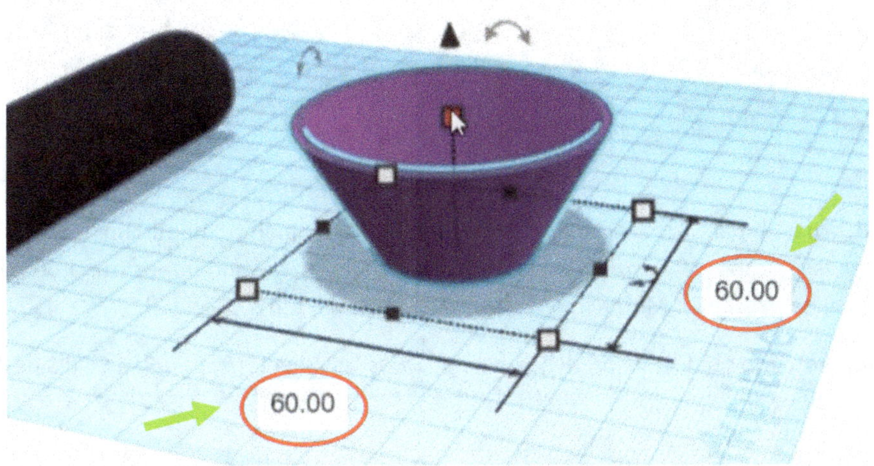

Quindi duplichiamo l'elemento utilizzando nuovamente la funzione "Duplicate and repeat" *(freccia 1)*. Analogamente a uno dei passaggi precedenti, trasciniamo l'elemento duplicato verso l'alto di 2 mm in modo che si posizioni con un offset rispetto all'elemento originale *(freccia 2)*. Cambiamo anche il colore in bianco (freccia *3*).

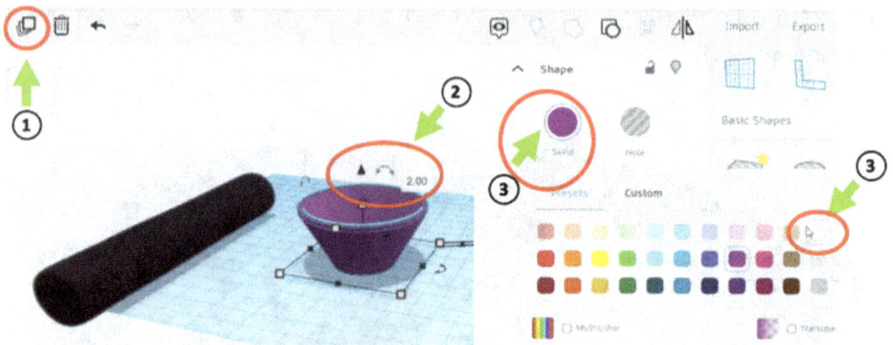

Poi cambiamo anche il colore del cono sottostante in nero. In questo modo otteniamo il paralume della torcia.

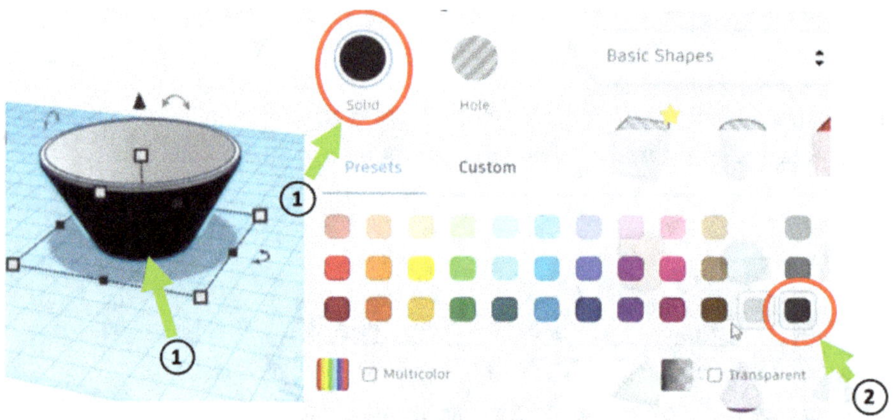

Tuttavia, il paralume non è ancora finito. Aggiungiamo quindi un elemento tubolare "Tube" *(freccia 1),* la cui lunghezza e larghezza sono impostate a 60 mm ciascuna *(frecce 2).* Modifichiamo anche l'altezza a 3 mm *(freccia 2).*

Aumentiamo quindi i valori delle opzioni "Sides" e "Bevel" *(freccia 3)* a 64 ("Sides") e 5 ("Bevel").

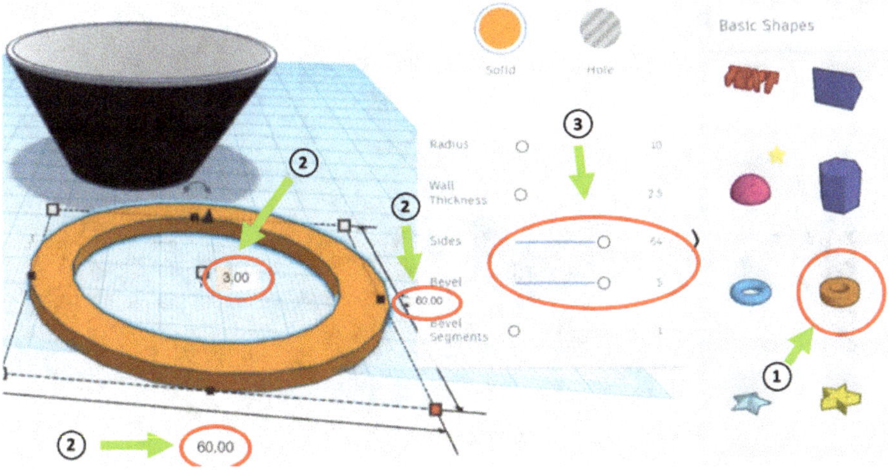

Poi aggiungiamo un elemento cilindrico di 1 mm di altezza e 57 mm di larghezza e lunghezza *(frecce 1 e 2)* e impostiamo il valore massimo di 64 nelle opzioni di "Sides" *(freccia 3)*.

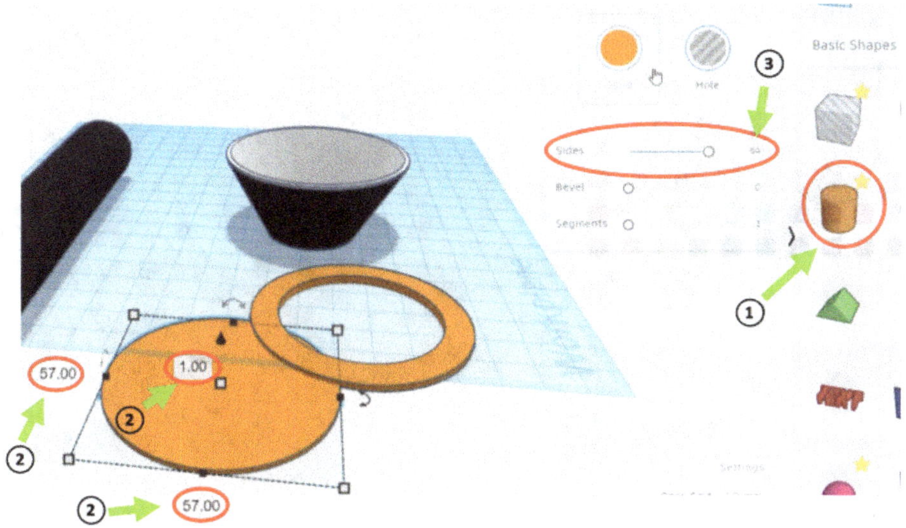

Poi cambiamo il colore dell'elemento in un arancione leggermente più chiaro e spuntiamo l'impostazione "Transparent". I due elementi appena creati rappresentano la parte anteriore del paralume.

Poi cambiamo il colore della parte in un arancione leggermente più chiaro *(frecce 1 e 2)* e controlliamo l'impostazione "Transparent" *(freccia 3)*.

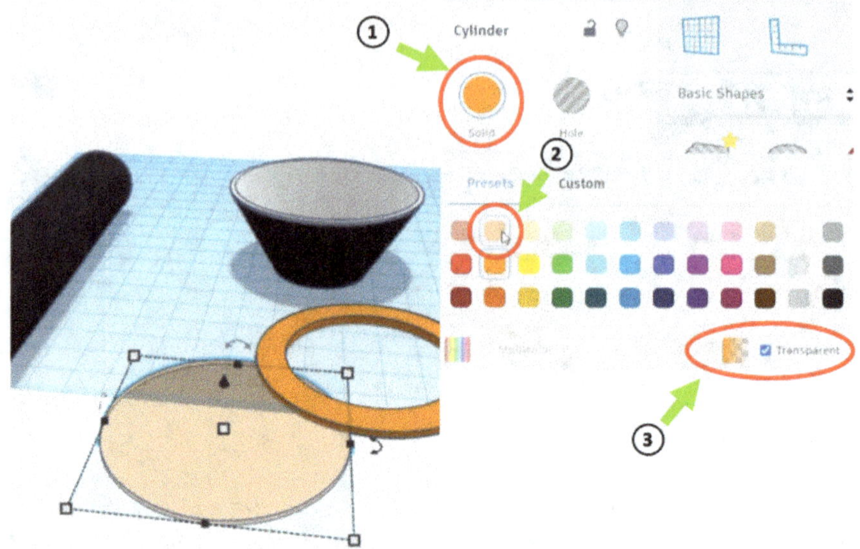

Cambiamo il colore della parte precedente in bianco allo stesso modo. Tuttavia, questa parte <u>non deve essere</u> trasparente.

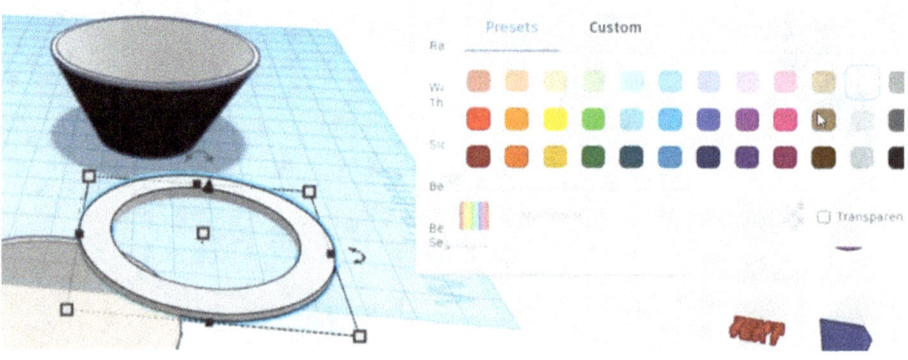

Nella fase successiva, centriamo le due parti appena create l'una rispetto all'altra. Lo facciamo, come al solito, con la funzione "Align" *(freccia 1)* dopo aver selezionato le due parti. Per farlo, clicchiamo uno dopo l'altro sui punti di allineamento indicati *(frecce da 2 a 4) in* modo che le due parti siano allineate al centro l'una dell'altra.

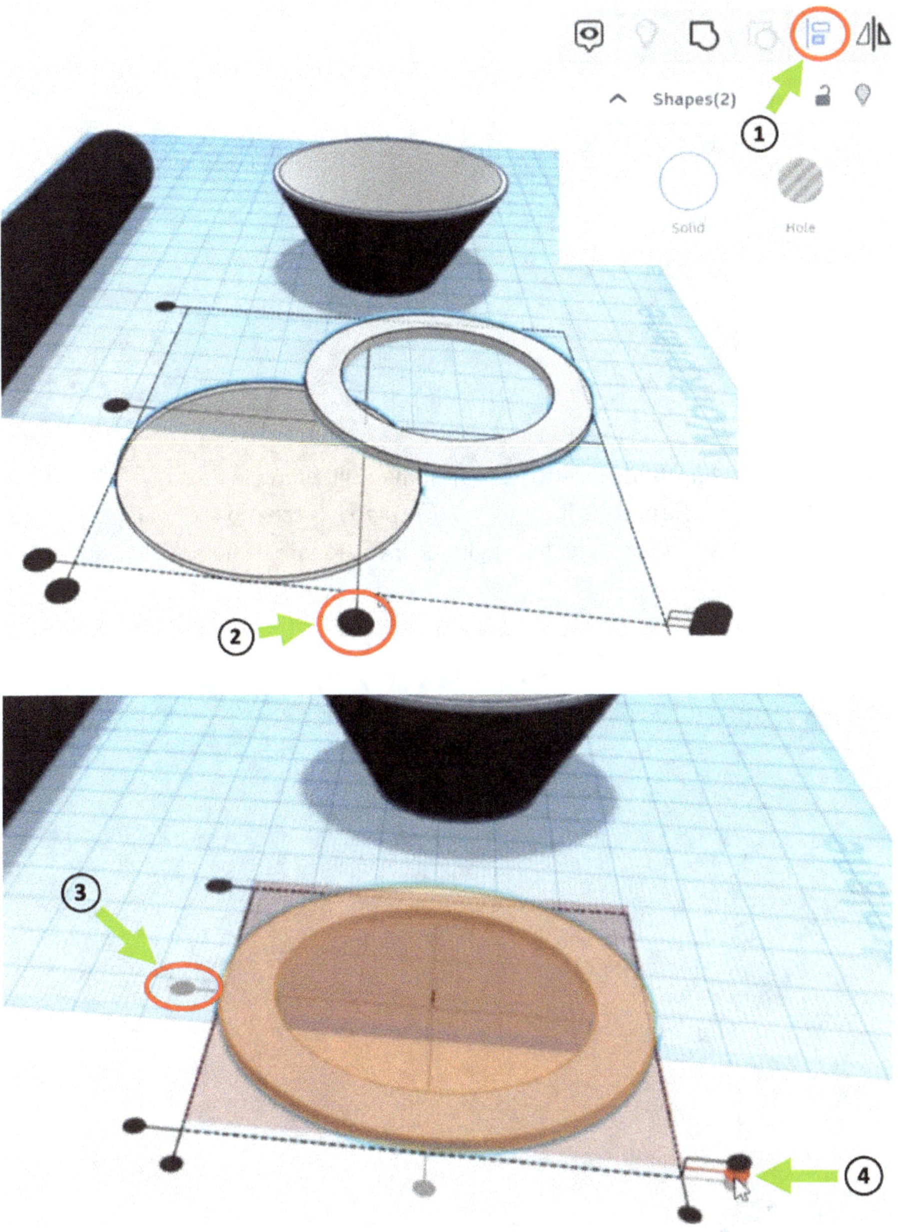

Dopo l'allineamento, aggiungiamo un elemento a mezza sfera ("Half Sphere"), che in seguito rappresenterà la nostra lampadina. Modifichiamo la larghezza e la lunghezza dell'elemento in 10 mm ciascuna. Possiamo mantenere l'altezza, che è preimpostata a 10 mm.

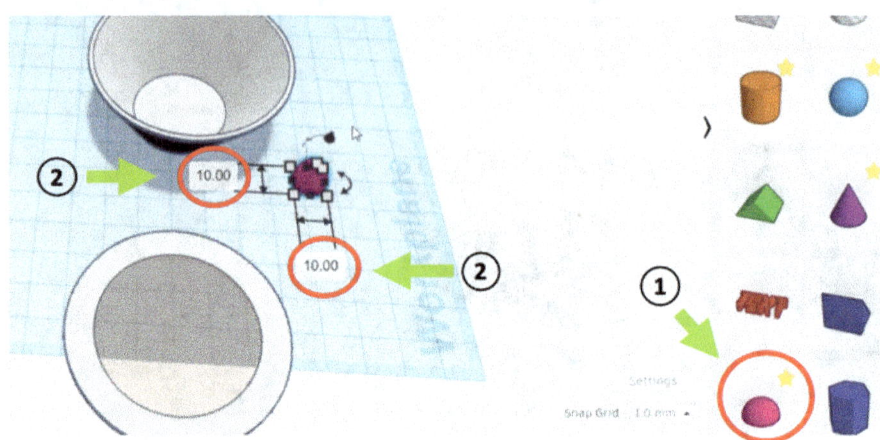

Per posizionare questo elemento nel paralume utilizziamo la funzione "Workplane Tool". Dopo aver selezionato il comando *(freccia 1),* facciamo clic sul fondo interno del paralume *(freccia 2),* poiché vogliamo posizionare la lampadina su questo piano.

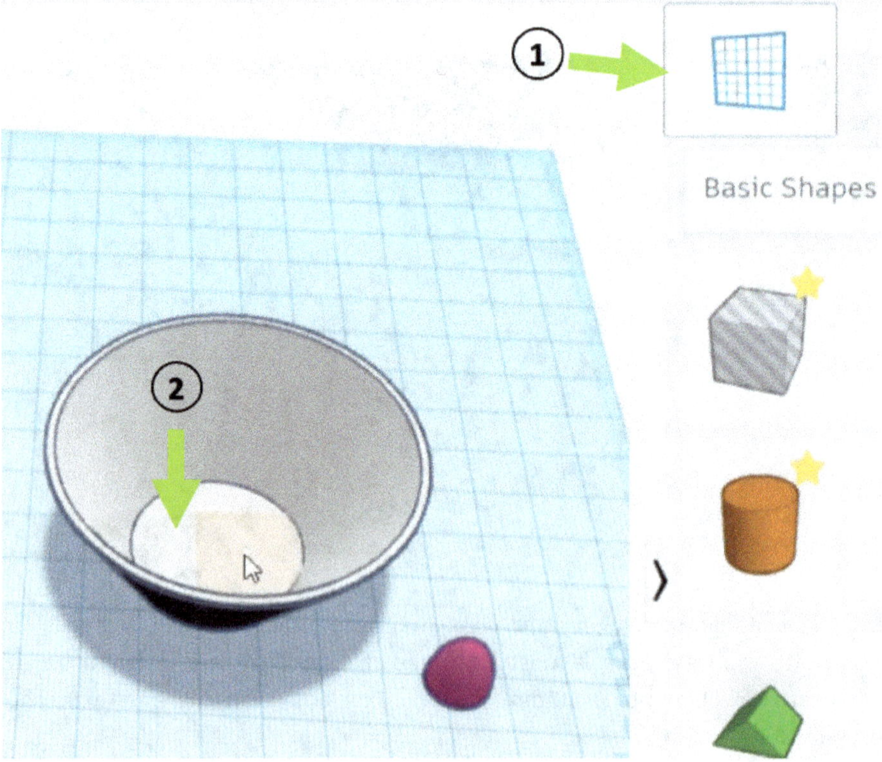

Per la centratura utilizziamo nuovamente la funzione "Align" *(freccia 1)* e clicchiamo successivamente sui punti di allineamento indicati *(frecce 2 e 3)*.

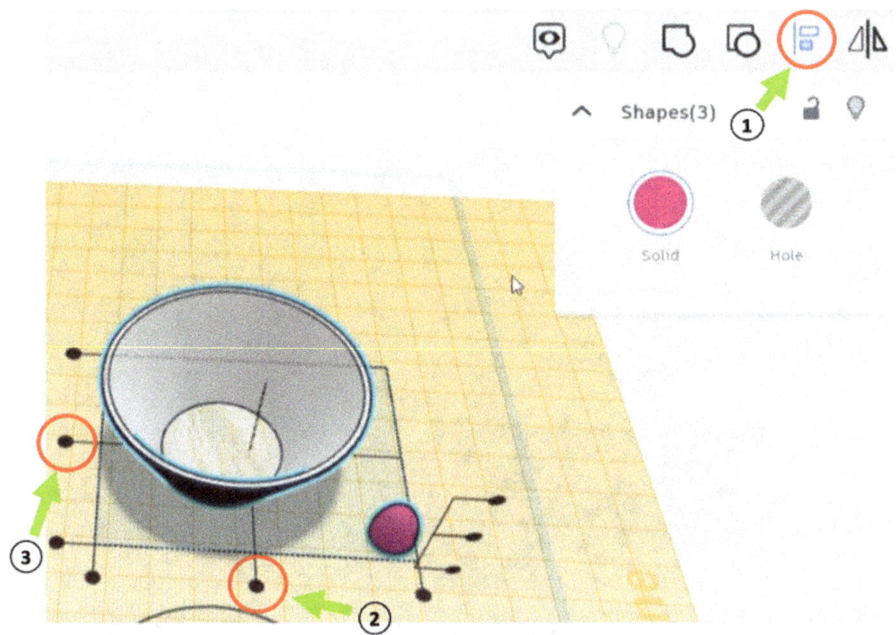

Poi clicchiamo di nuovo sul pulsante "Workplane Tool" e il piano di lavoro in modo che il piano giallo precedentemente creato scompaia di nuovo. A seconda che la torcia debba essere accesa o spenta, possiamo anche impostare il colore della lampadina su grigio o giallo.

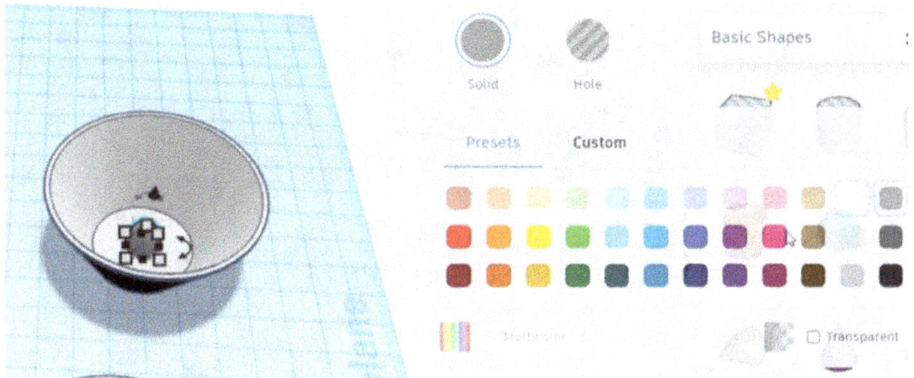

Per poter rifinire il paralume, abbiamo bisogno di nuovo della funzione "Workplane Tool". La usiamo per posizionare il piano di lavoro sul bordo superiore del paralume. Qui vogliamo posizionare il coperchio.

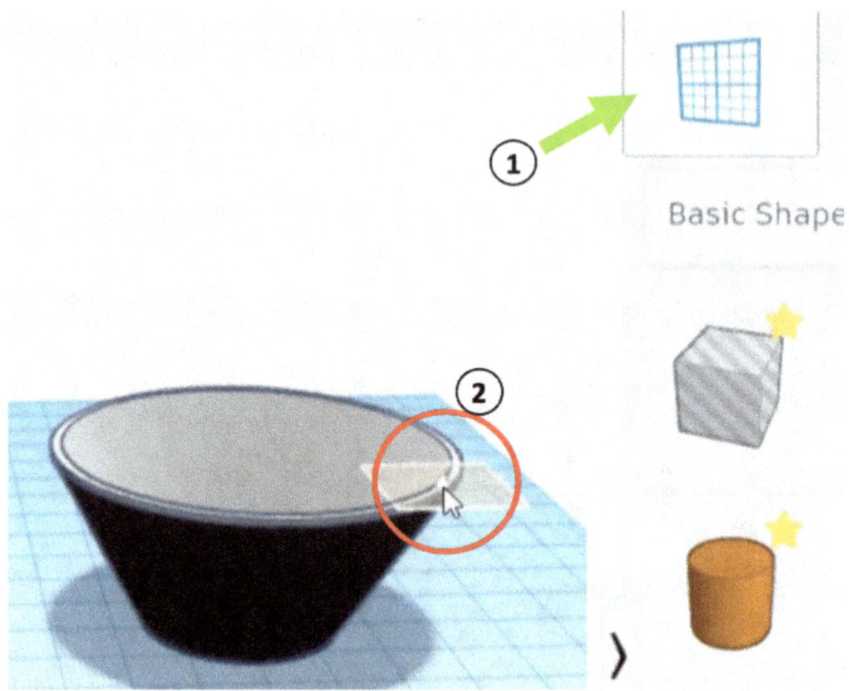

Quindi selezioniamo le due parti del coperchio e premiamo il tasto "D" sulla nostra tastiera. Questo posiziona queste parti sul piano di lavoro corrente.

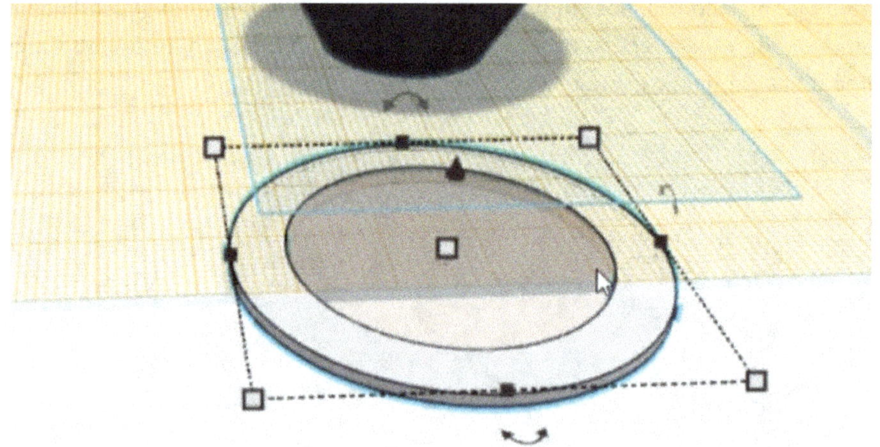

Poi clicchiamo di nuovo sul pulsante "Workplane Tool" e il piano di lavoro blu scompare in modo da far scomparire il piano giallo creato in precedenza.

Ora dobbiamo allineare i due elementi centrati tra loro. Lo facciamo, come al solito, con il pulsante "Align" *(freccia 1)* dopo aver contrassegnato entrambe le parti. Selezioniamo quindi i due punti di allineamento centrali dei due lati *(frecce 2 e 3)*.

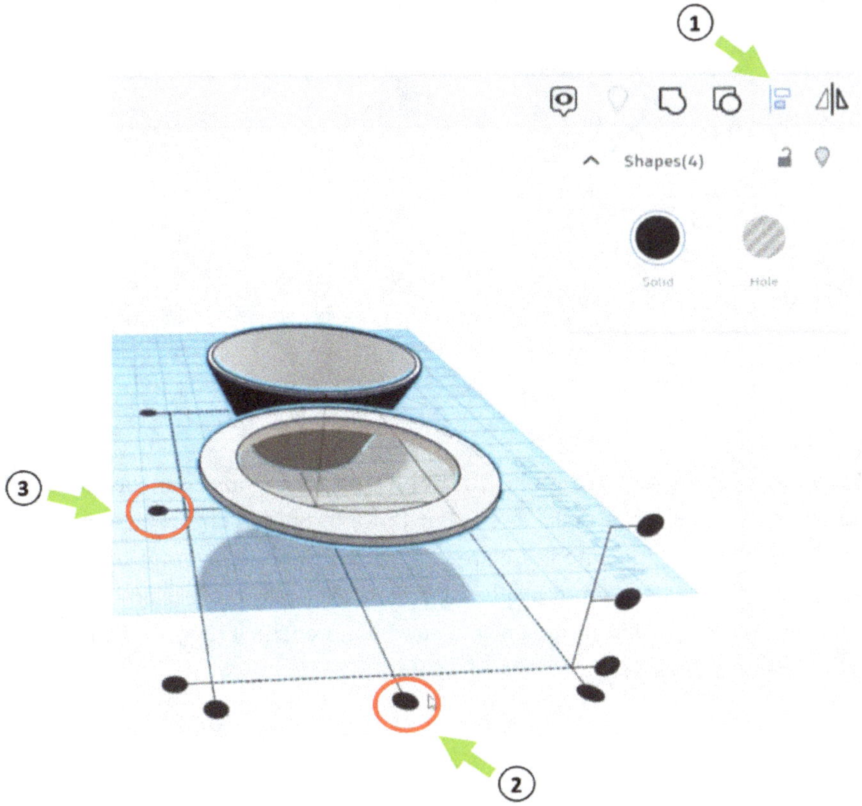

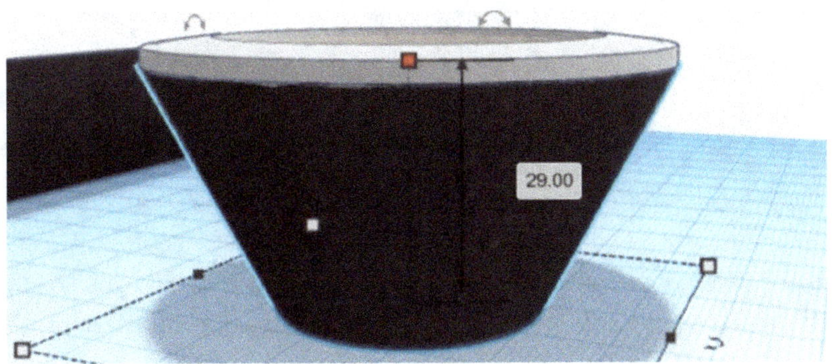

Affinché entrambe le parti siano a filo con l'altra nell'area superiore, possiamo comunque modificare l'altezza del paralume a forma di cono a 29 mm.

Infine, raggruppiamo tutti gli elementi del paralume utilizzando la funzione "Group" dopo aver selezionato tutte le parti. In questo caso dobbiamo selezionare l'opzione "Multicolor" nelle impostazioni del colore della parte in modo che tutte le parti mantengano le rispettive impostazioni di colore.

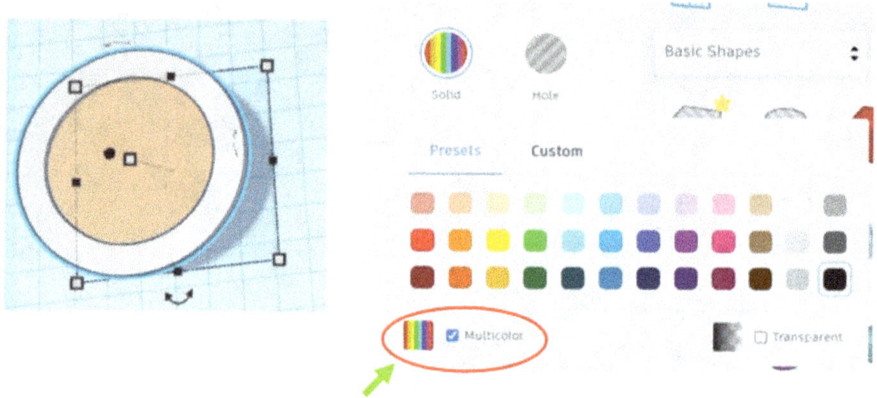

Molto bene, abbiamo fatto molta strada! Ma la torcia non è ancora finita. Ora costruiamo l'interruttore della torcia. Per farlo, iniziamo con un elemento "Box" *(freccia 1)*, che posizioniamo in un'area libera del piano di lavoro e modifichiamo in 10 mm di larghezza e 4 mm di altezza *(freccia 2)*. Possiamo lasciare la lunghezza a 20 mm (freccia *2*). Nelle impostazioni cambiamo anche il raggio a 1 mm *(freccia 3)*. Poi copiamo l'elemento (freccia *4*).

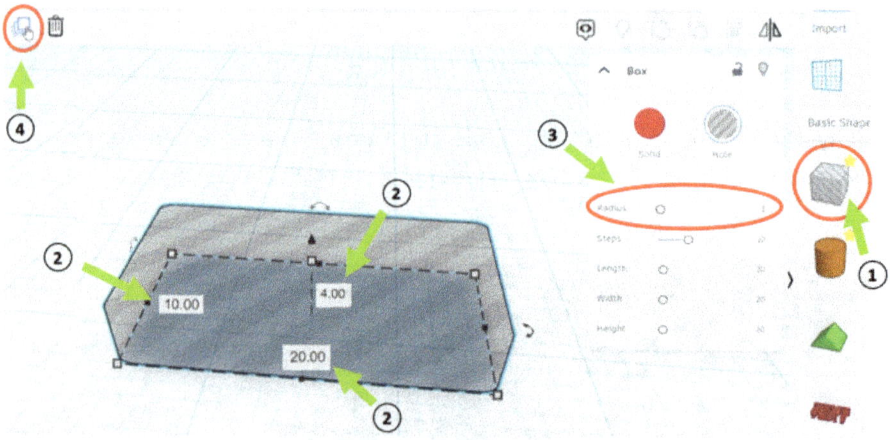

Spostiamo l'elemento copiato e rendiamolo un solido cliccando su "Solid" nelle impostazioni *(frecce 1 e 2)*. Lasciamo l'altro elemento nelle impostazioni a "Hole"

e cambiamo la sua larghezza in 8 mm e la lunghezza in 16 mm *(frecce 3 e 4)*. Possiamo lasciare l'altezza invariata.

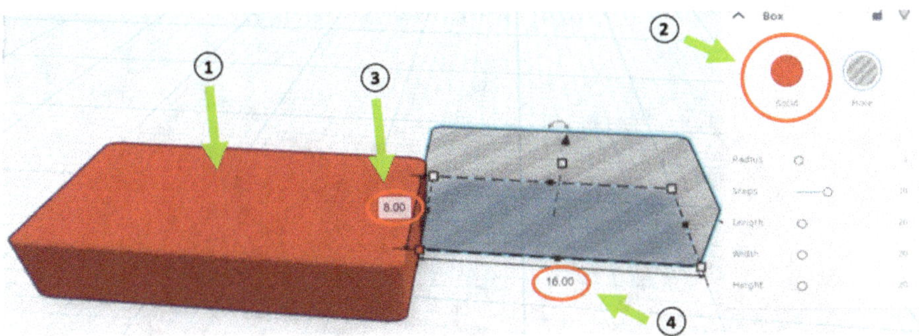

Poi selezioniamo entrambi gli elementi e li centriamo con la funzione "Align" utilizzando i punti di allineamento indicati.

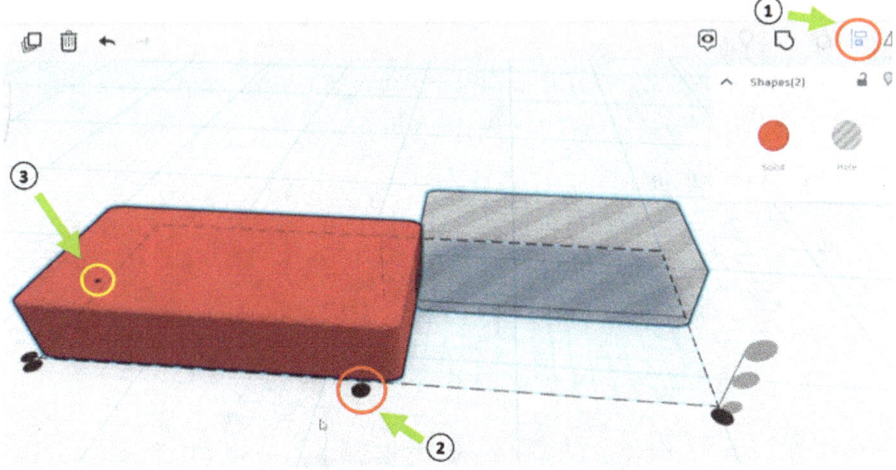

Poi spostiamo il cuboide rosso di 1 mm verso il basso con il mouse del PC.

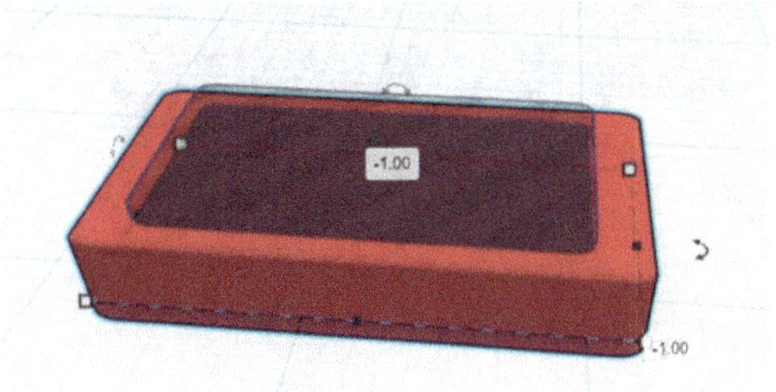

Poi marchiamo entrambe le parti e riportiamo il loro lato inferiore sul piano di lavoro cliccando sul pulsante "D". Ora dobbiamo tirare l'elemento che crea il taglio verso l'alto di 1 mm in modo che si posizioni correttamente.

Poi raddoppiamo l'elemento di taglio nel modo consueto e lo spostiamo leggermente verso l'alto. Raggruppiamo le altre due parti in modo da creare il ritaglio. Sentiti libero di provarlo prima da solo.

Ora arriva la soluzione:

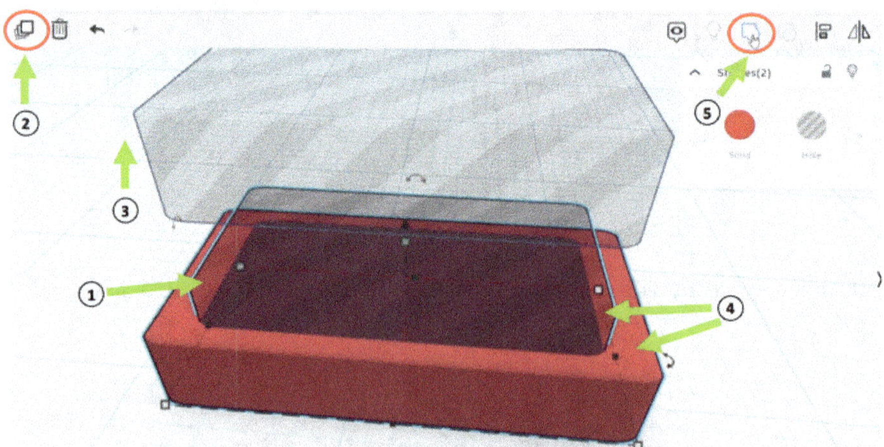

Quindi creiamo un piano all'interno del riquadro utilizzando la funzione "Workplane Tool" e cliccando all'interno del riquadro.

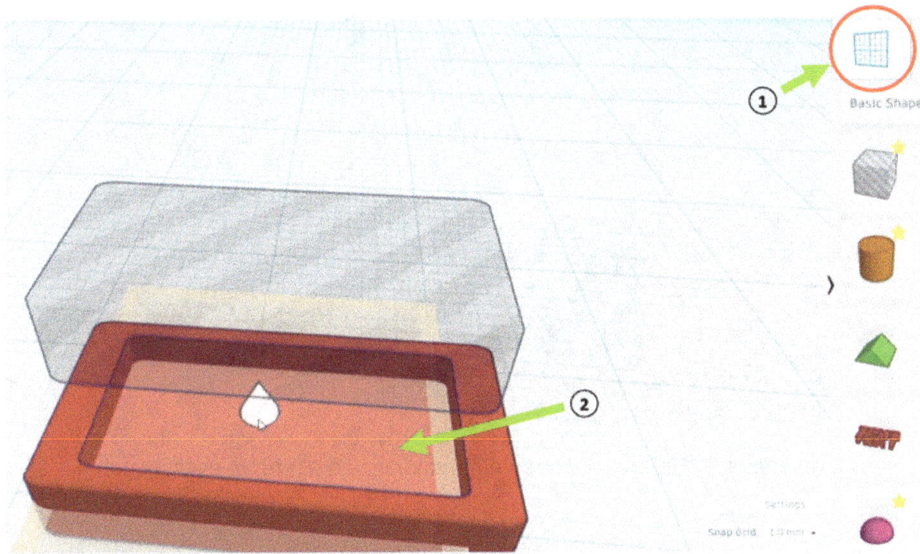

Selezioniamo quindi l'elemento che si trova sopra il nostro solido rosso e premiamo il tasto "D" sulla nostra tastiera in modo da posizionarlo sul piano di lavoro.

Modifichiamo anche la larghezza dell'elemento a circa 8 mm e rendiamolo un solido nero.

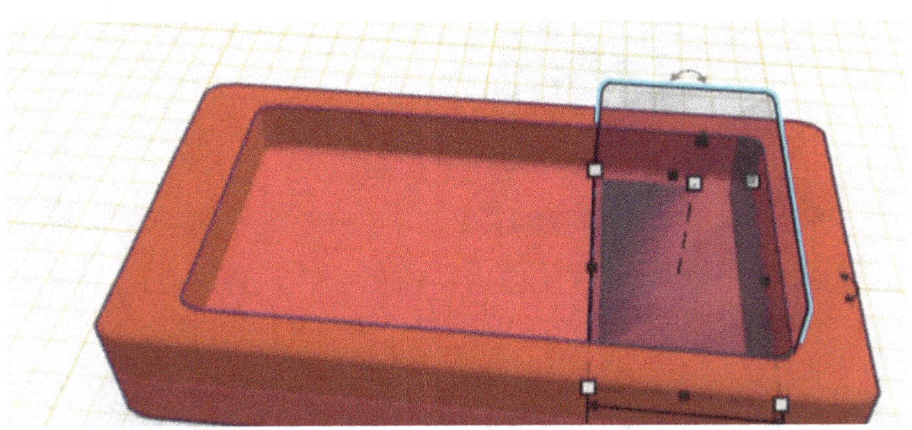

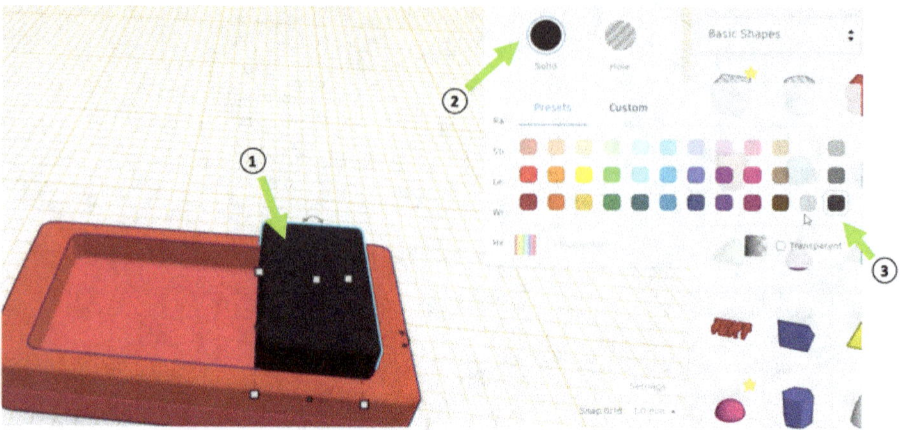

Possiamo anche cambiare il colore dell'involucro, ad esempio in bianco.

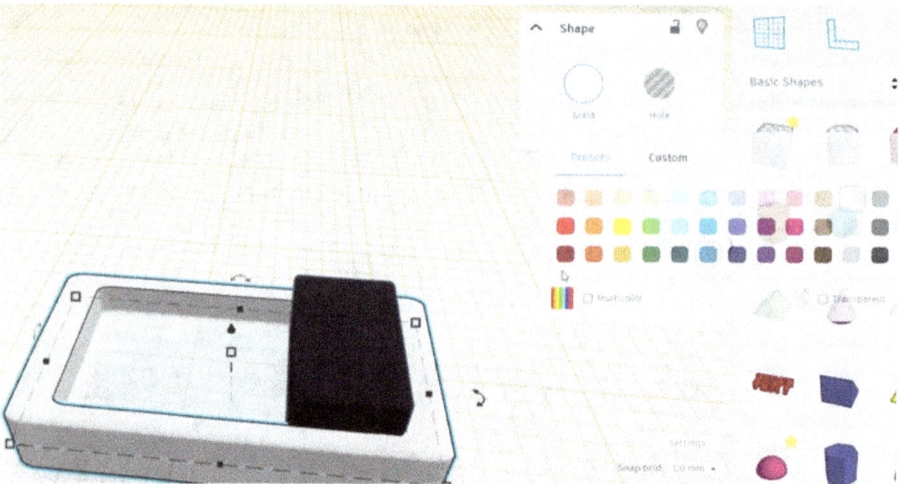

Raggruppiamo quindi tutti gli elementi dell'interruttore. Come abbiamo fatto in precedenza, dobbiamo selezionare l'opzione "Multicolor" nelle impostazioni.

Prima di assemblare tutte le parti costruite finora in una torcia, abbiamo ancora bisogno di un pezzo di collegamento a forma di cono.

Creiamo questa parte con l'elemento "Cone" *(freccia 1)*. Le dimensioni della base devono essere di 42 mm ciascuna *(freccia 2)*, mentre l'altezza deve essere di 63 mm *(freccia 3)*. Cambiamo anche il colore, ad esempio in bianco *(freccia 4)*.

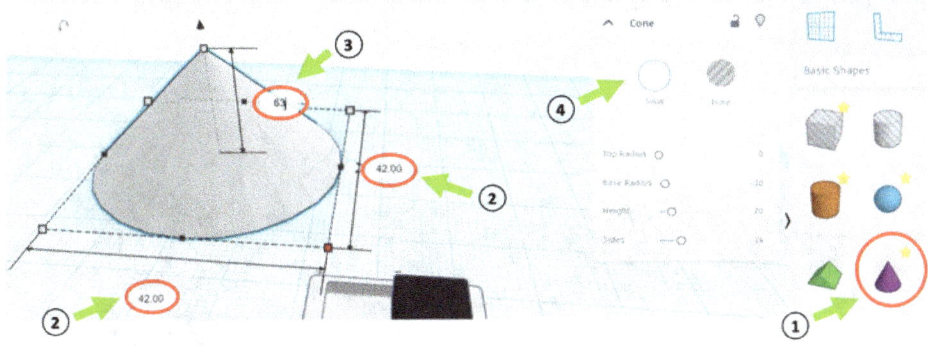

Poi ruotiamo questo cono di -90 gradi intorno al suo centro, in senso antiorario.

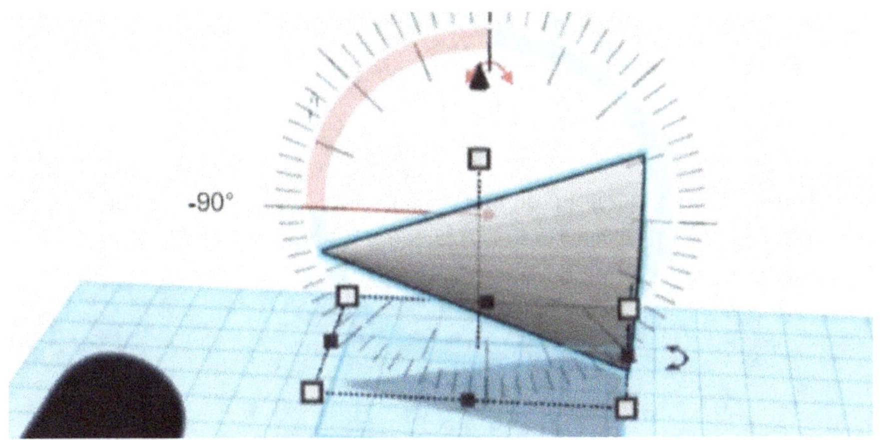

Effettuiamo questa rotazione anche con il paralume. Ma in questo caso ruotiamo di +90 gradi, cioè in senso orario.

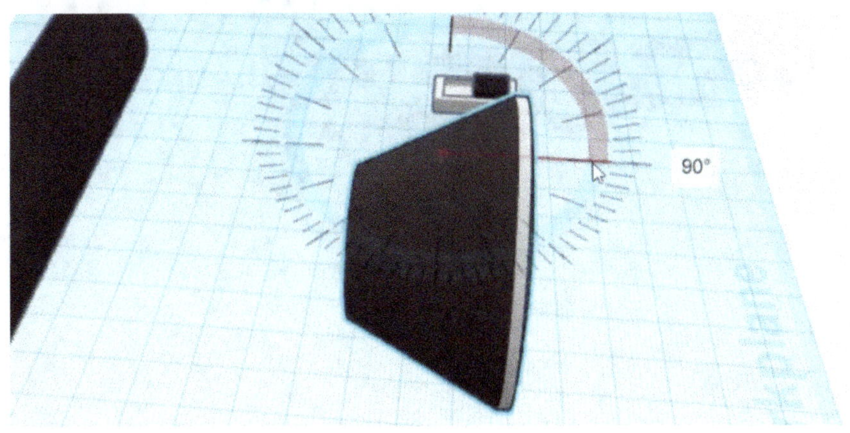

Poi giriamo anche la maniglia nella posizione corretta. Questo avviene ruotando di +90 gradi intorno all'asse verticale del pezzo.

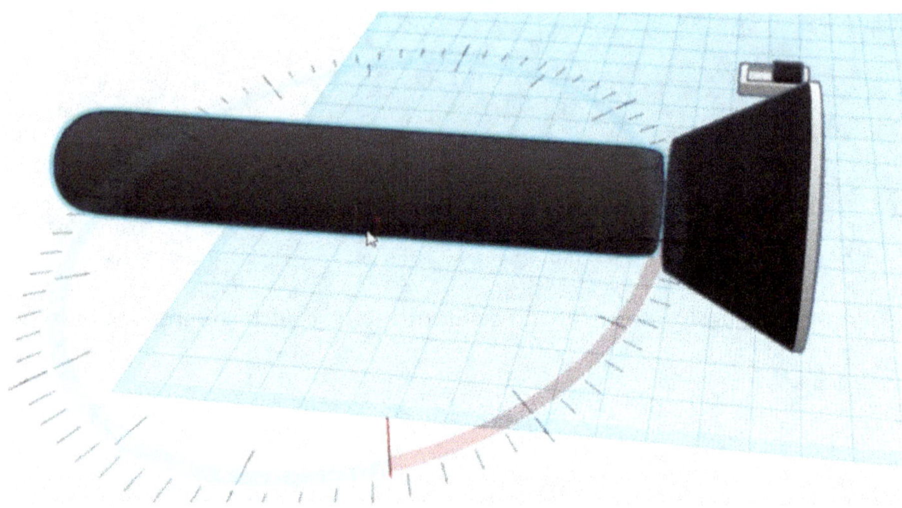

Per allineare tutti i pezzi in un'unica riga, selezioniamo tutti i pezzi tranne l'interruttore e poi utilizziamo la funzione "Align". Per farlo, clicchiamo sui punti di allineamento mostrati uno dopo l'altro.

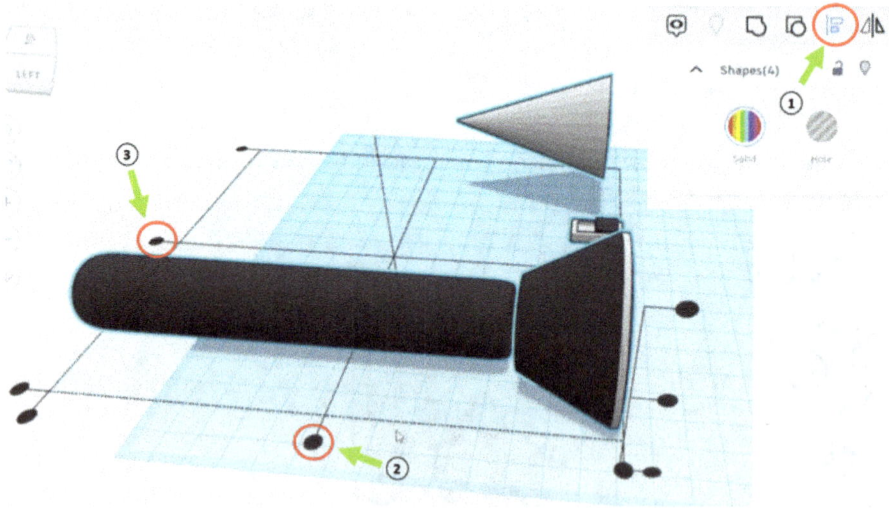

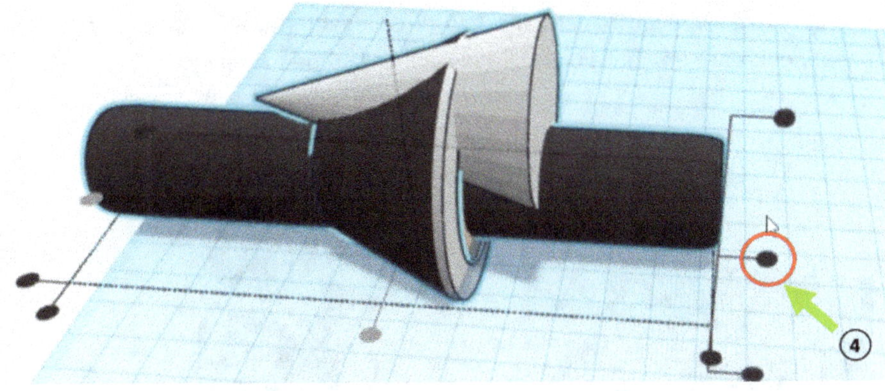

Se l'allineamento ha funzionato correttamente, ora i pezzi dovrebbero essere concentrici l'uno rispetto all'altro su un asse.

Successivamente, spostiamo il paralume in avanti in modo che ci sia un piccolo spazio tra il paralume e la maniglia.

Poi spingiamo in avanti anche il pezzo di collegamento a forma di cono, quanto basta per creare una bella transizione tra il paralume e il manico.

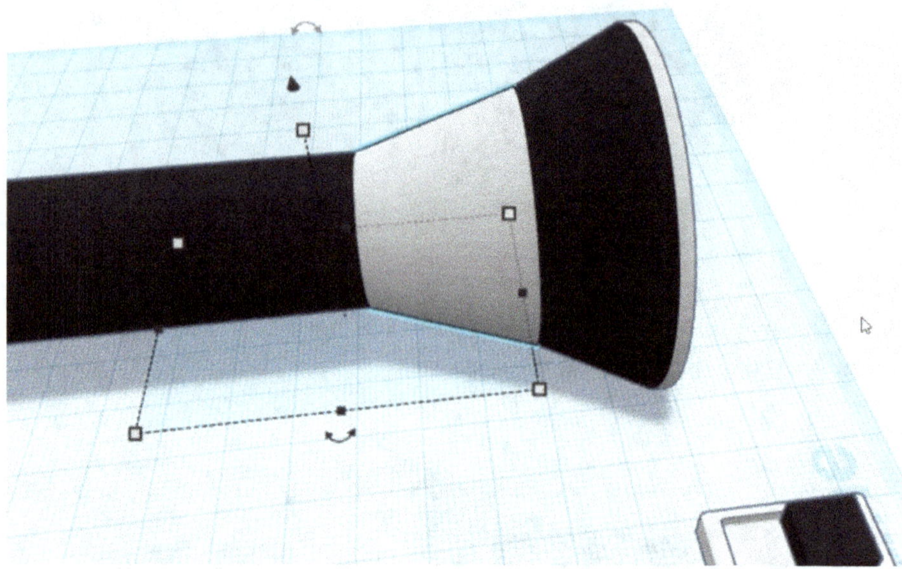

Per montare l'interruttore, utilizziamo il comando "Workplane-Tool", con il quale posizioniamo un piano sulla parte superiore della maniglia.

Dopo aver cliccato sull'interruttore e aver premuto il tasto "D" sulla tastiera, l'interruttore viene posizionato sul livello. Ora possiamo spostare il pulsante nella posizione desiderata all'interno del livello. Puoi semplicemente farlo a mano libera e scegliere una posizione qualsiasi.

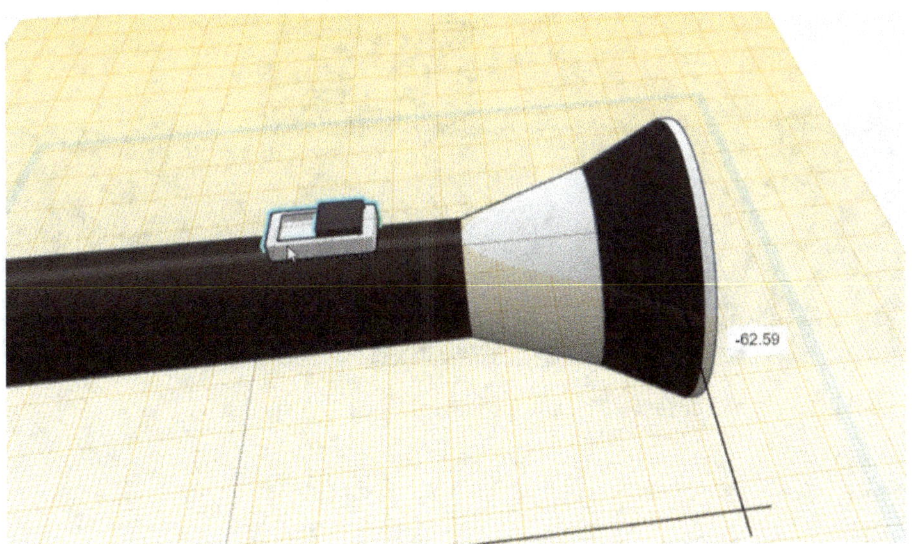

Dopo aver riportato il piano di lavoro al piano normale, utilizziamo la funzione "Align" per allineare l'interruttore in base all'impugnatura. Per farlo, selezioniamo prima l'interruttore e la torcia. Poi clicchiamo nuovamente sull'impugnatura della torcia e quindi sul punto di allineamento mostrato nell'area posteriore.

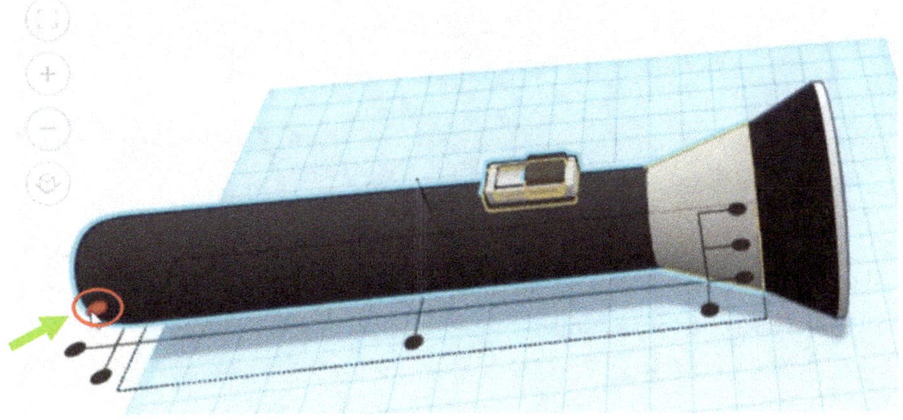

Per far sì che l'interruttore di accensione/spegnimento si trovi un po' più in basso, spostiamolo verso il basso di circa 2 mm.

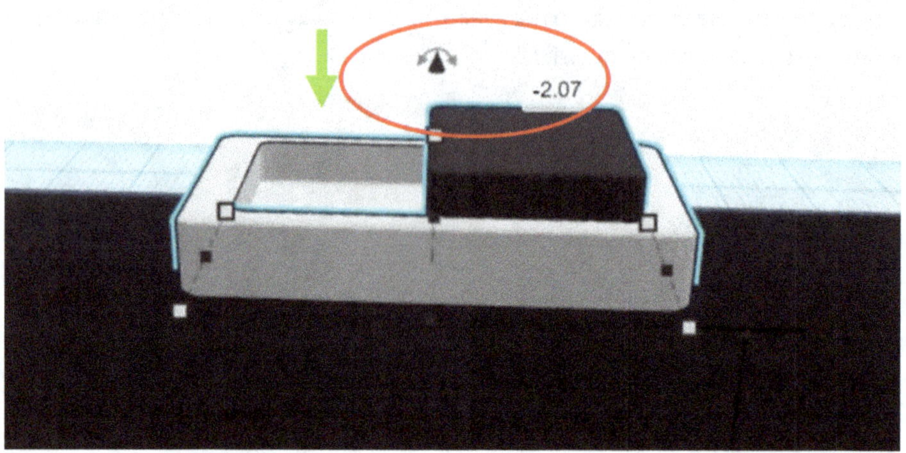

E poi la torcia è pronta. Perfettamente fatto!

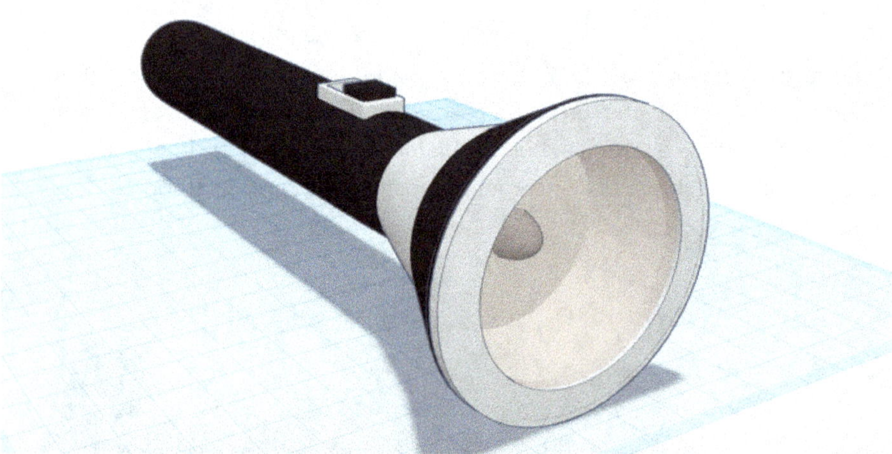

In questo progetto abbiamo imparato ancora una volta alcune cose che ti saranno utili nelle tue costruzioni future. Passiamo al prossimo progetto. Naturalmente, se vuoi, puoi fare una pausa prima.

Capitolo 5 | Modello 3D Progetto 3: Skateboard

Il nostro terzo progetto comune di questo corso sarà un po' più semplice dei due modelli 3D precedenti. Tuttavia, si tratta comunque di un esempio eccellente e istruttivo. In questo capitolo progetteremo uno skateboard che avrà questo aspetto.

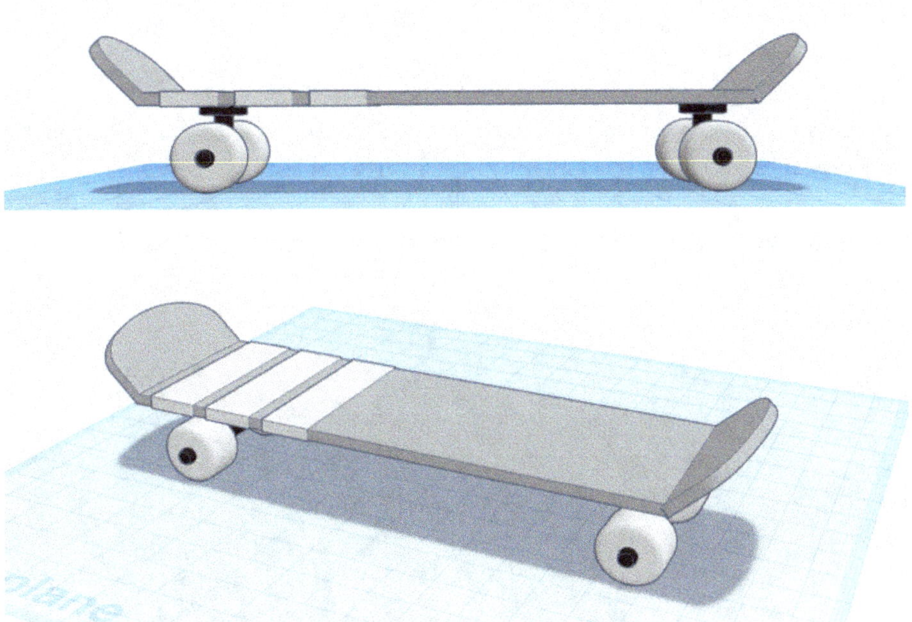

Se vuoi, puoi copiare il progetto nel tuo account. Ecco il link:

https://tinyurl.com/3akkvask

Come al solito, creiamo un nuovo progetto per questo. Il funzionamento è identico a quello dei progetti precedenti e dovrebbe essere ormai una routine.

In questo nuovo file iniziamo con la piastra di base dello skateboard. Per farlo, creiamo un cuboide lungo 132 mm, largo 43 mm e alto 2,5 mm *(freccia 2)* con l'elemento "Box" *(freccia 1)*. In questo passaggio, cambiamo anche il colore in grigio *(freccia 3)*.

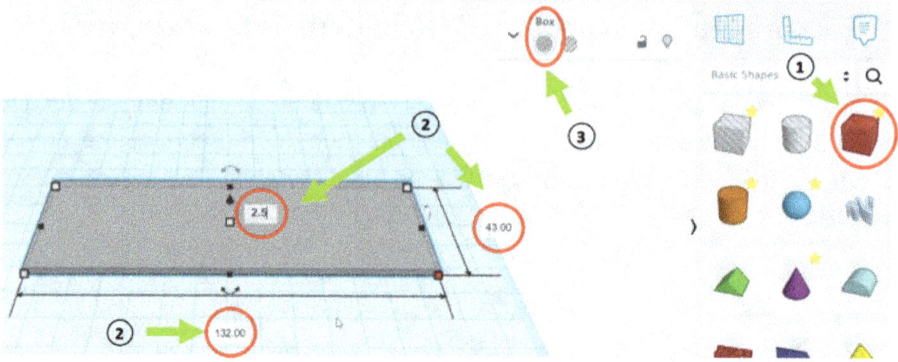

Nel passo successivo copiamo la parte appena creata con il comando "Duplicate and repeat" e accorciamo la lunghezza della parte duplicata a 10 mm.

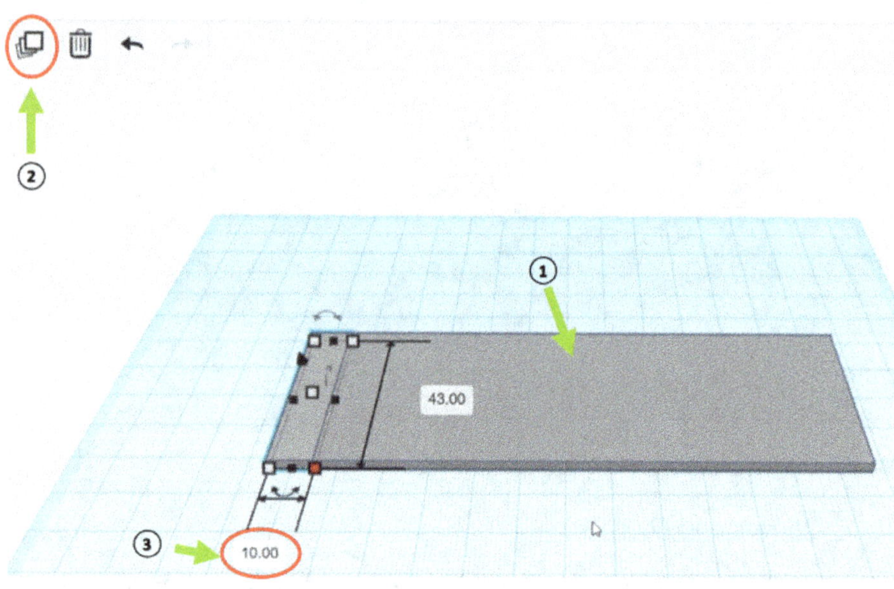

Dopo aver spostato una delle due parti leggermente di lato, aggiungiamo un mezzo cilindro selezionando l'elemento "Round Roof".

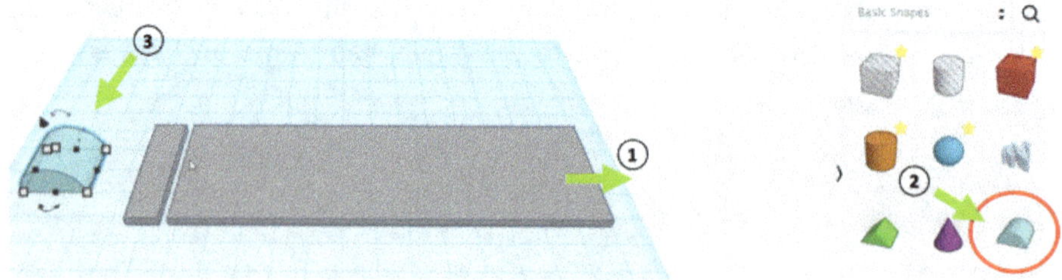

Ruotiamo questo elemento di 90 gradi per due volte di seguito in modo da ottenere l'aspetto mostrato. Utilizziamo due assi diversi per le rotazioni.

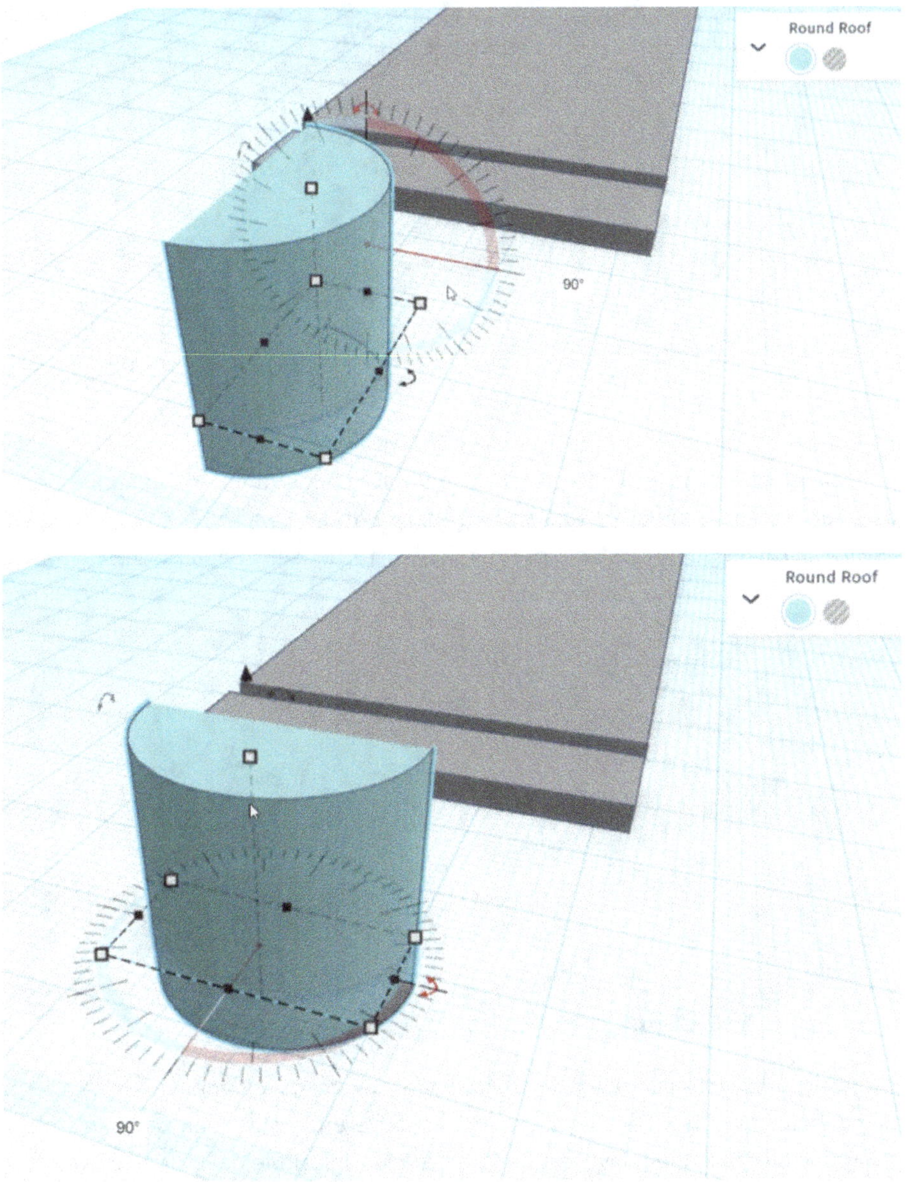

Poi cambiamo l'altezza dell'elemento a 2,5 mm e la larghezza a 43 mm. Questo elemento sarà il pezzo finale dello skateboard, forse lo vedi già.

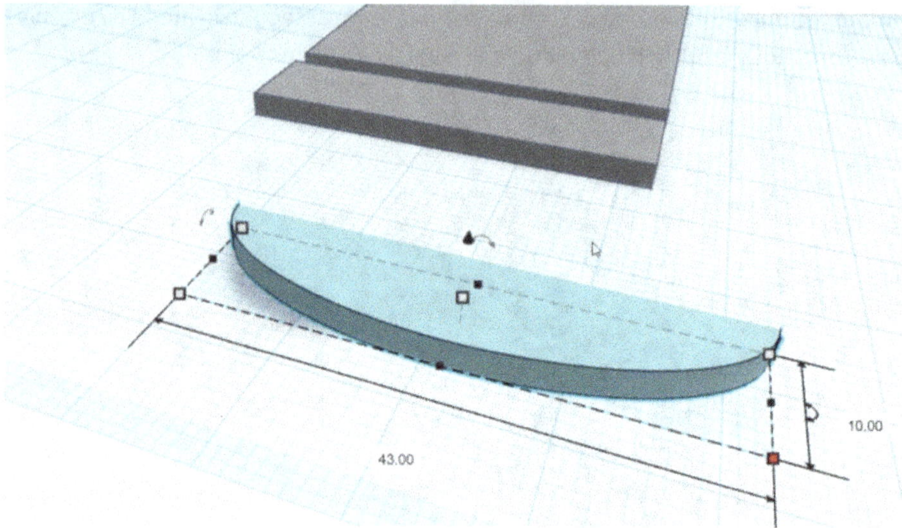

Poi colleghiamo le tre singole parti create finora. Lo facciamo posizionando prima un piano di lavoro sulla superficie rappresentata *(frecce 1 e 2)*, cliccando sull'elemento cuboide stretto e premendo il tasto "D" sulla tastiera *(freccia 3)*.

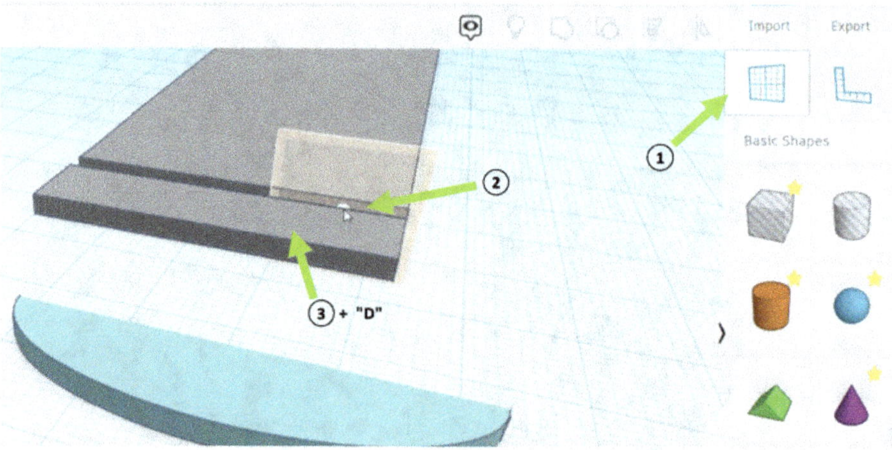

Utilizzando la stessa procedura, realizziamo questo collegamento anche con la parte finale azzurra dello skateboard. La differenza sta nella selezione della superficie per il piano di lavoro e nella successiva selezione della parte azzurra.

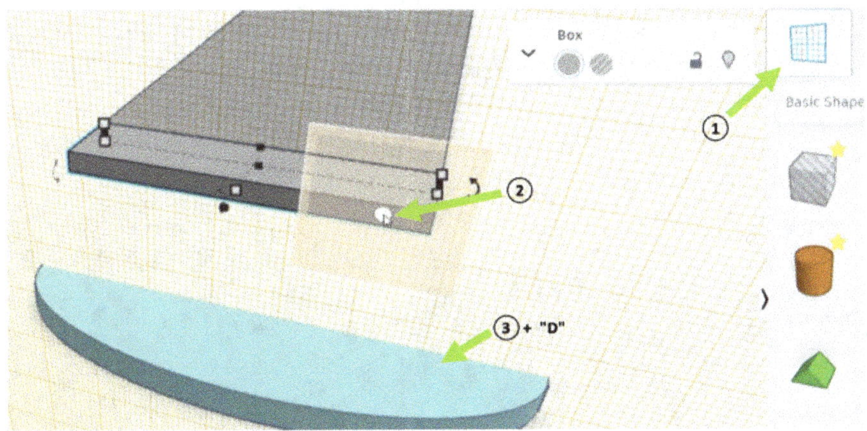

Dopo aver selezionato tutti gli elementi, possiamo posizionarli correttamente. Per farlo, selezioniamo la funzione "Align" e il punto di allineamento mostrato. Raggruppiamo anche i due elementi stretti in modo che diventino un unico pezzo finale (in grigio).

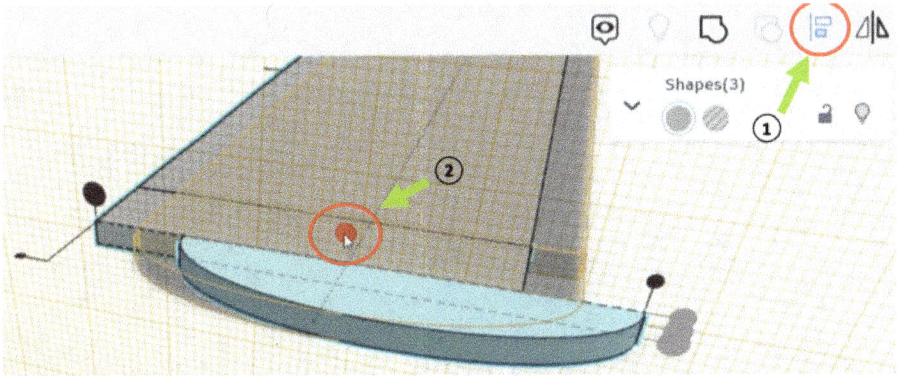

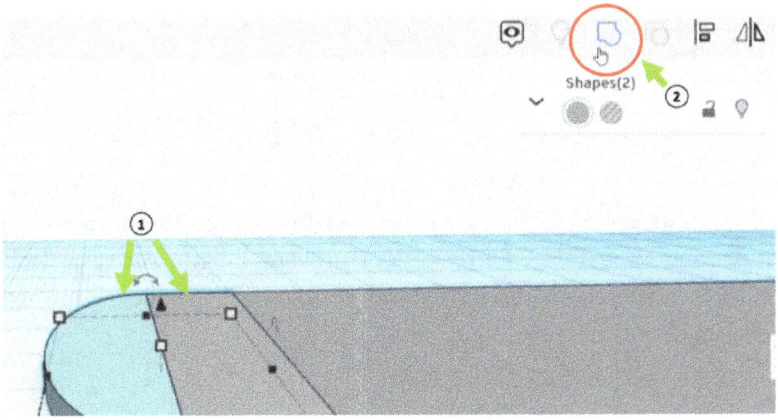

Poiché questo grigio sembra un po' scuro, puoi aggiungere una tonalità di grigio più chiara a entrambe le parti o scegliere un colore a tua scelta.

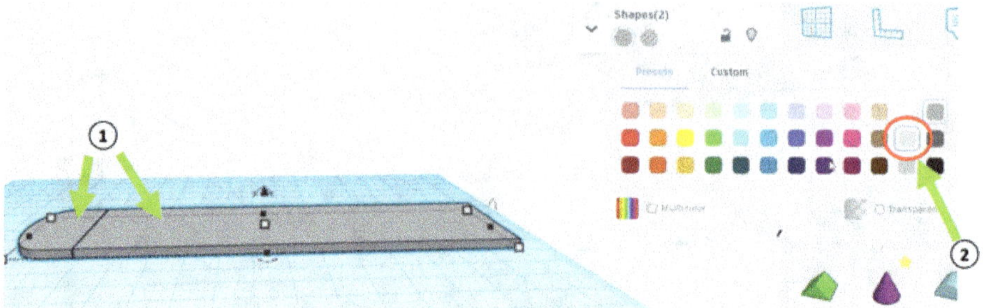

Poi ruotiamo il pezzo finale di -45 gradi in modo che punti verso l'alto con un angolo come mostrato e diamo al corpo di base dello skateboard un raggio di 0,1 in modo che i bordi siano leggermente arrotondati.

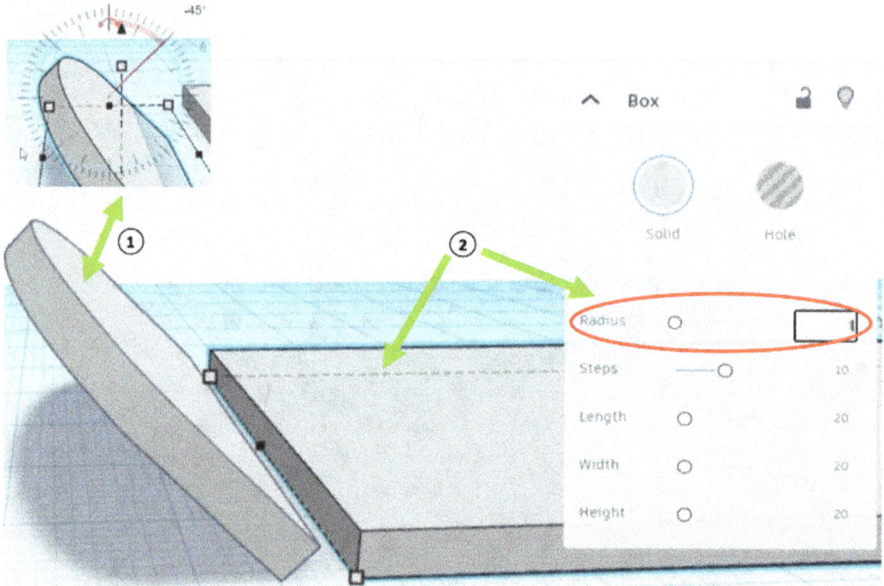

Dopo aver spostato il pezzo finale verso il corpo base in modo che si adatti ragionevolmente bene, duplichiamo e specchiamo il pezzo finale con le funzioni "Duplicate and repeat" e "Mirror". Puoi provare a farlo da solo. Dobbiamo specchiare in modo che il pezzo risultante si adatti all'altro lato. I passaggi della soluzione seguiranno a breve.

Spingiamo quindi il secondo pezzo risultante all'altra estremità dello skateboard usando il tasto freccia della nostra tastiera.

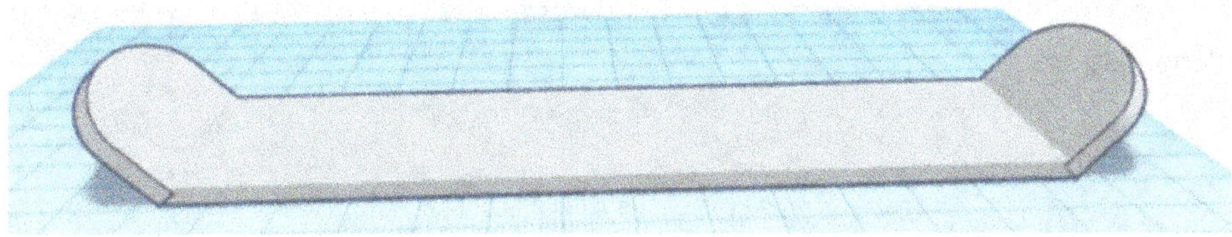

Successivamente, creiamo le strisce che decoreranno la superficie superiore dello skateboard. Per farlo, duplichiamo la parte centrale dello skateboard. Modifichiamo quindi la larghezza della duplicazione in 43,5 mm, la lunghezza in circa 30 mm e l'altezza in 3 mm.

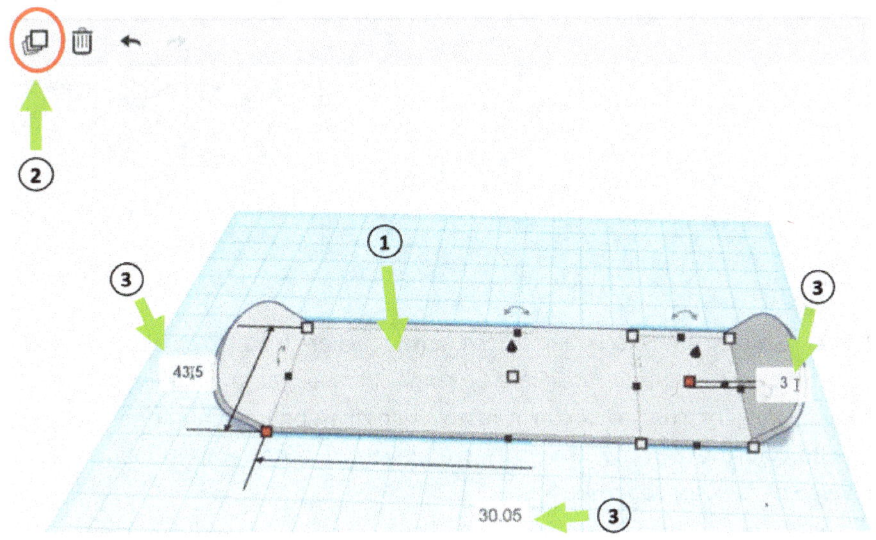

Dopo aver cambiato il colore del pezzo in nero e averlo allineato con la funzione "Align", riduciamo ancora un po' la larghezza, ad esempio a circa 12 mm.

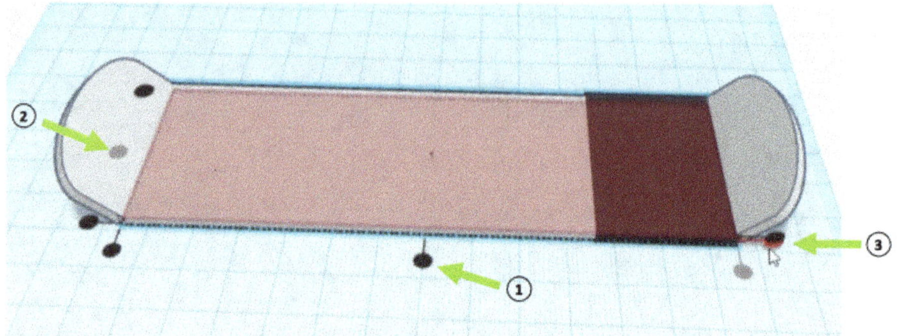

Poi spostiamo la parte un po' a sinistra e creiamo altre due copie con la funzione "Duplicate and repeat", anche questa spostata un po' a sinistra con i tasti freccia della tastiera.

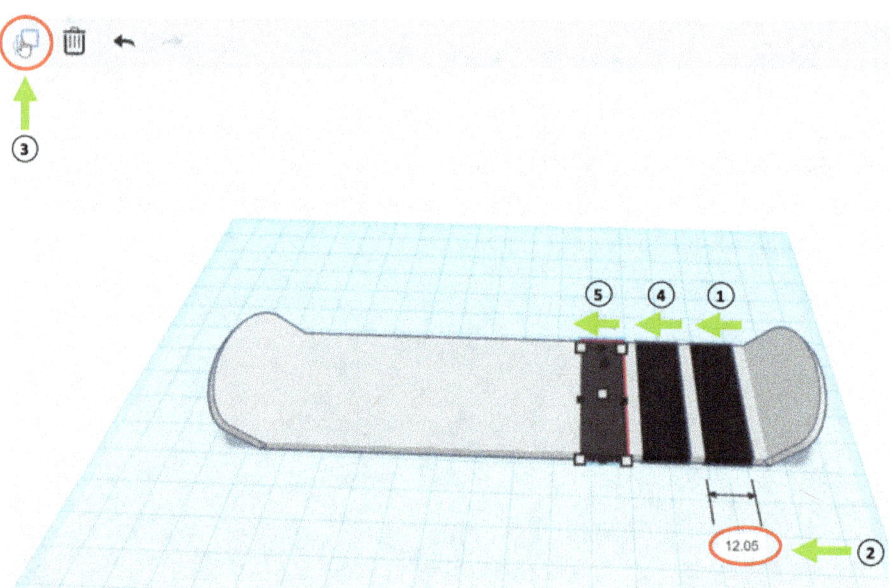

A questo punto puoi lasciare le strisce nere, scegliere un altro colore a tua scelta o, come in questo esempio, scegliere un colore bianco. Per la modifica, il colore nero aveva il miglior contrasto con il resto dello skateboard, quindi abbiamo scelto questo colore per primo. Un contrasto elevato ti aiuta sempre quando lavori su diverse parti quasi congruenti.

Poi raggruppiamo tutte le parti che abbiamo creato finora. Poi dobbiamo selezionare l'opzione "Multicolor" nelle impostazioni in modo da mantenere i colori delle singole parti.

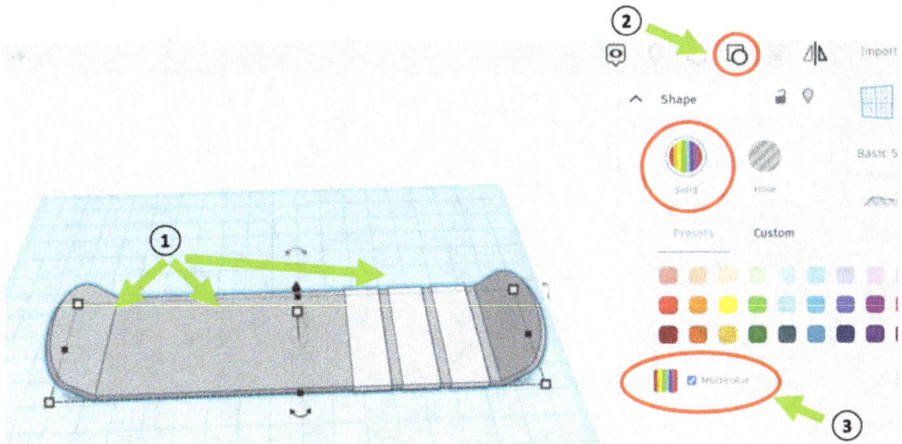

Poi ci occupiamo delle ruote dello skateboard. Per questo scegliamo la parte cilindrica "Cylinder". Definiamo la lunghezza e la larghezza di 15 mm ciascuna e l'altezza di 10 mm. Inoltre, impostiamo tutti i valori delle opzioni "Sides", "Bevel" e "Segments" ai valori massimi (64, 2,5 e 10).

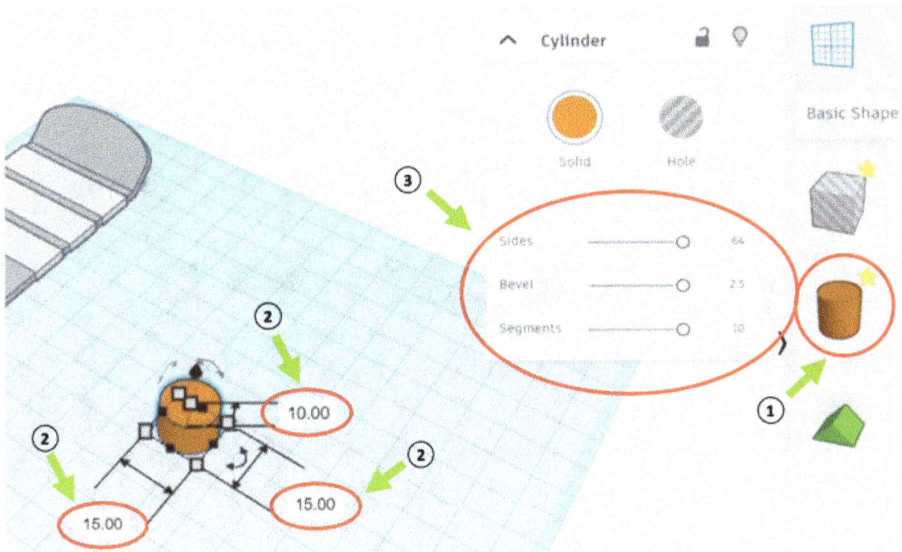

Quindi duplichiamo questa parte con il comando "Duplicate and repeat" e creiamo un asse per le ruote dello skateboard. Per farlo, basta cambiare la larghezza e la lunghezza del duplicato in 4 mm. Modifichiamo anche l'altezza, ad esempio a 45 mm. Probabilmente sei già in grado di farlo da solo. Puoi anche assegnare altri colori alle parti. Ad esempio, l'asse potrebbe essere nero e la ruota bianca.

Poi giriamo l'asse e la ruota di 90 gradi come mostrato.

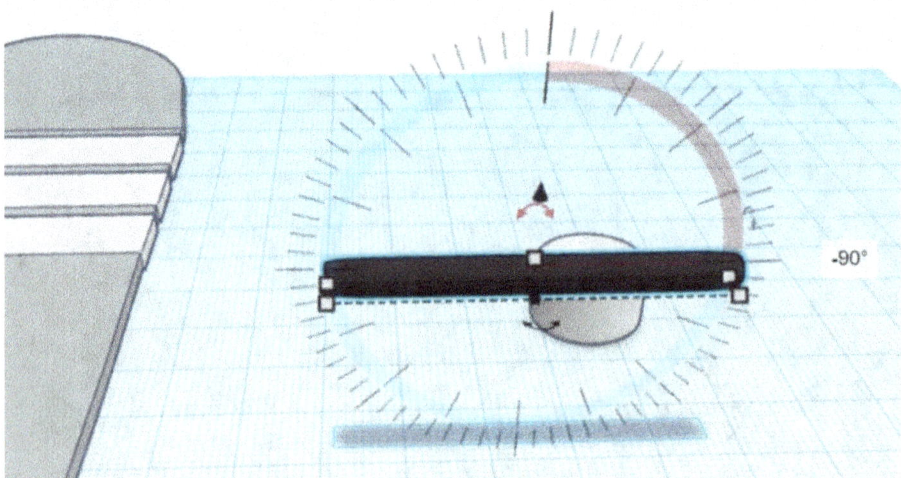

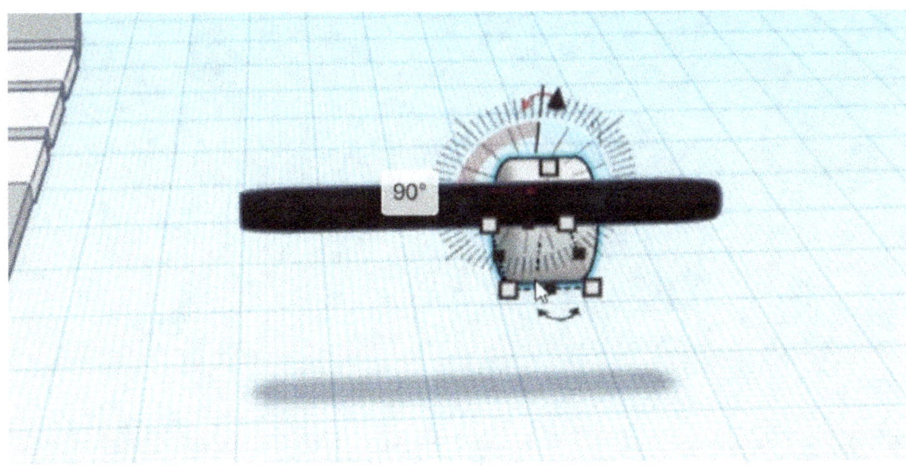

Dopo aver duplicato nuovamente la ruota, possiamo allineare l'asse e le due ruote tra loro. Per farlo, come al solito, utilizziamo la funzione "Align" e facciamo clic su ciascuno dei punti di allineamento indicati. Dopo aver selezionato le parti, possiamo posizionarle sul piano di lavoro cliccando sul pulsante "D".

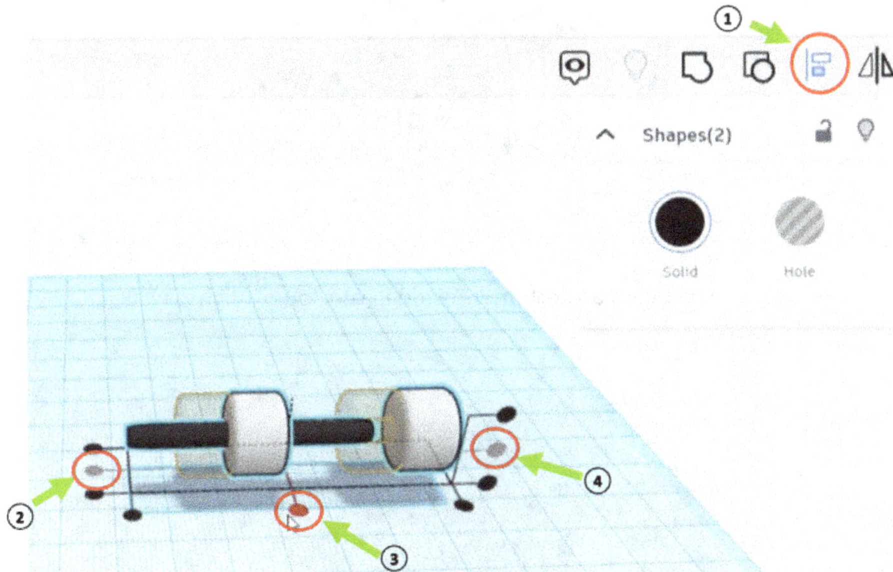

Ora abbiamo bisogno di un piccolo pezzo verticale da fissare allo skateboard. Per farlo, duplichiamo l'asse, giriamo questo pezzo di 90 gradi e accorciamo la lunghezza del pezzo a 12 mm. Per far sì che si posizioni correttamente sull'asse dello skateboard, basta tirarlo verso l'alto di circa 7 mm.

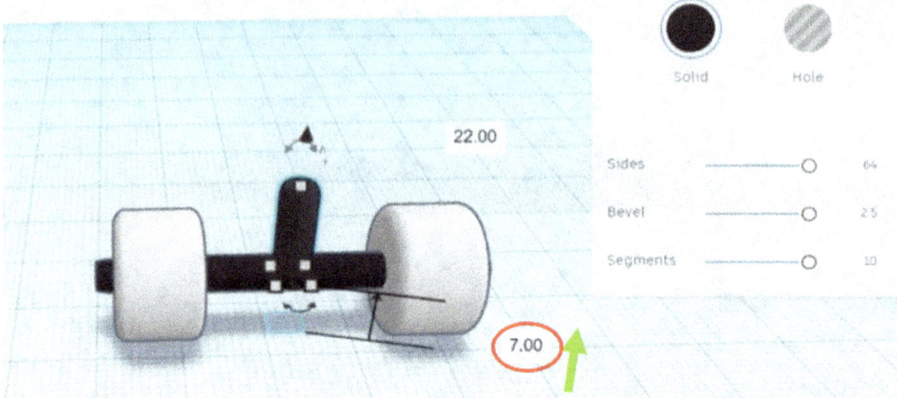

Poi duplichiamo nuovamente questa parte in modo da ottenere una superficie di appoggio ovale per lo skateboard. Impostiamo la lunghezza a 20 mm, la larghezza a 10 mm e l'altezza a 2 mm.

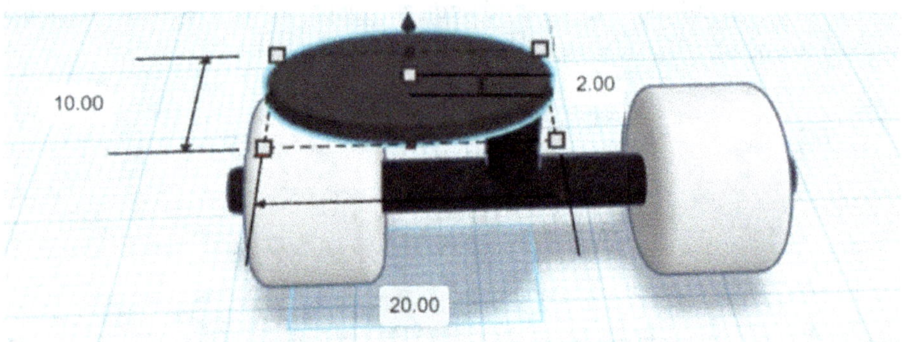

Poi segna tutto e allinealo correttamente con la funzione "Align".

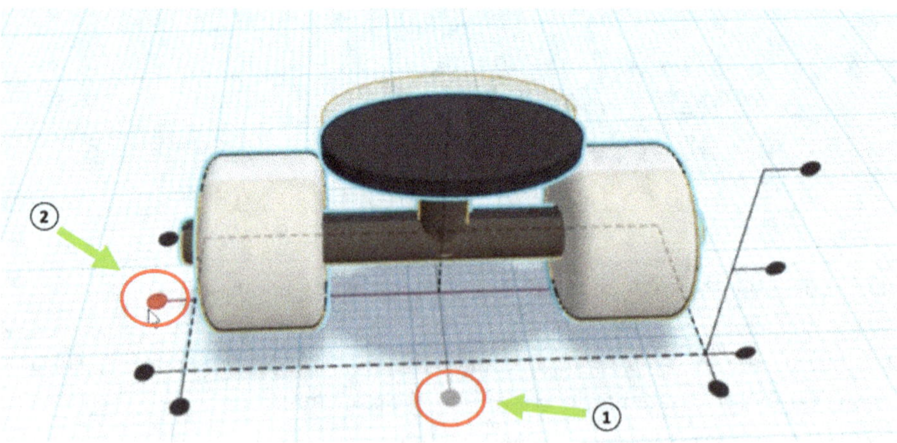

Dato che la parte ovale è ancora un po' troppo alta, la spostiamo verso il basso di circa -3 mm in modo che non rimanga alcuno spazio.

Poi raggruppiamo tutte le parti del telaio. Qui devi selezionare nuovamente l'opzione "Multicolor" in modo da mantenere i colori delle singole parti.

Poi possiamo montare la tavola dello skateboard sulla parte ovale. Per farlo, seleziona la funzione "Workplane Tool" e clicca sul lato superiore della parte ovale.

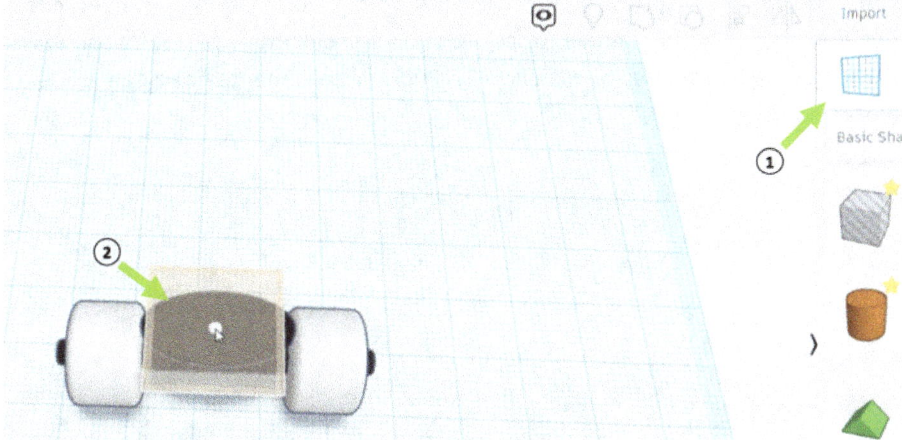

Quindi selezioniamo lo skateboard e clicchiamo sul tasto "D" della nostra tastiera in modo da posizionare lo skateboard sul piano di lavoro corrente.

Dopo aver selezionato le due parti, possiamo allinearle tra loro utilizzando la funzione "Align". Per farlo, selezioniamo il punto di allineamento indicato.

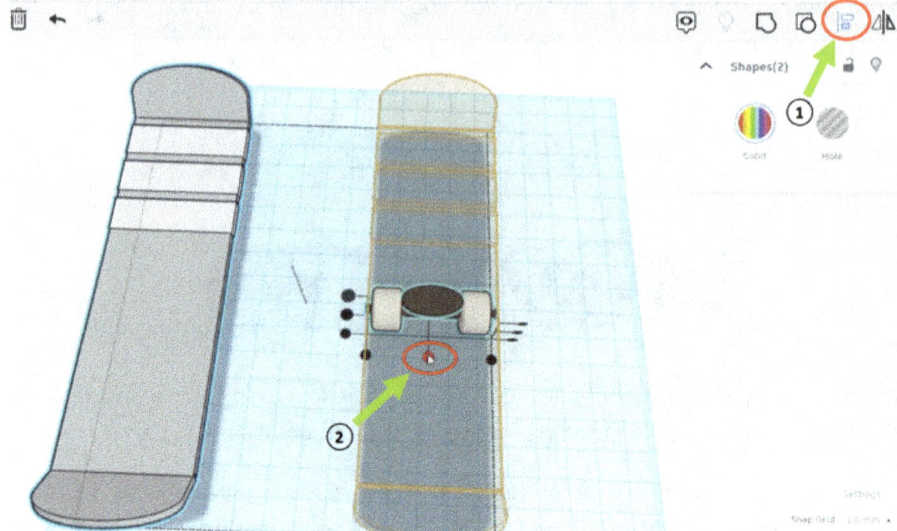

Ora dobbiamo solo spostare un po' la parte in direzione laterale in modo che si posizioni nella posizione finale (freccia 1). Poi duplichiamo la parte (freccia 2) e la spostiamo nell'altra direzione (freccia 3). Puoi semplicemente posizionare le parti a occhio.

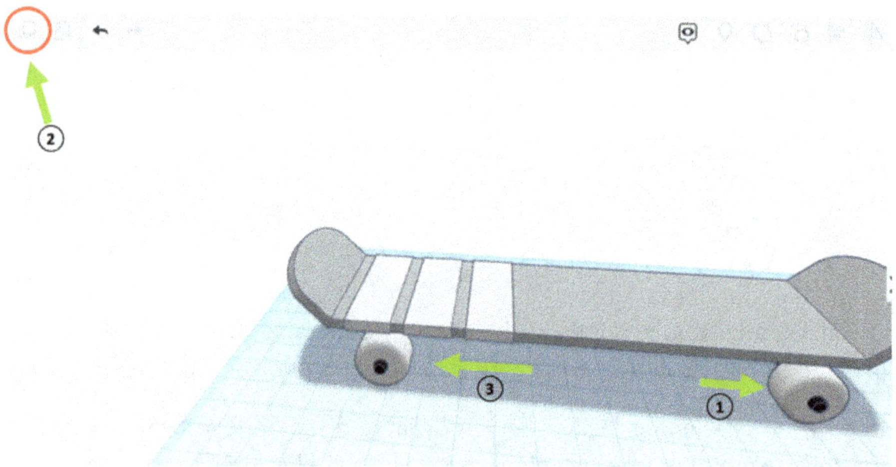

Il nostro terzo progetto è stato completato! Congratulazioni, hai fatto un ottimo lavoro. Se vuoi, possiamo iniziare il prossimo e ultimo progetto di questo corso.

Capitolo 6 | Modello 3D Progetto 4: Trama

Il nostro quarto e ultimo progetto di questo corso sarà una casa con giardino che confina con una strada e ha una piscina sul lato opposto.

Se vuoi, puoi copiare il progetto nel tuo account. Ecco il link:

https://tinyurl.com/3eawebyk

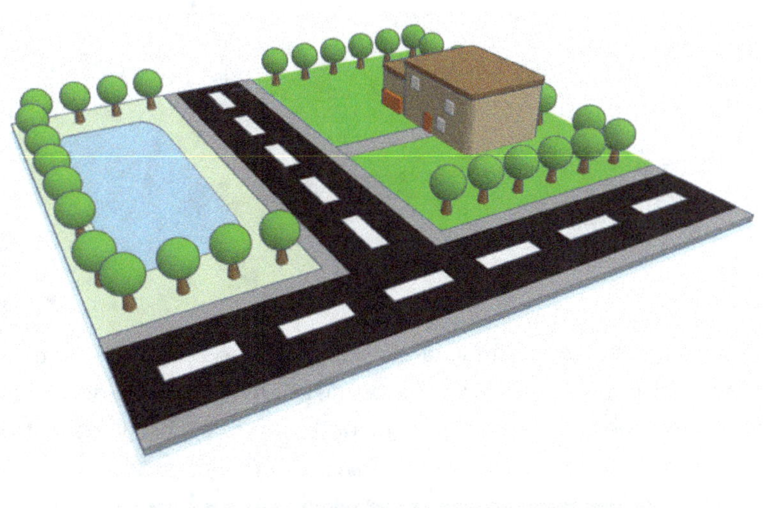

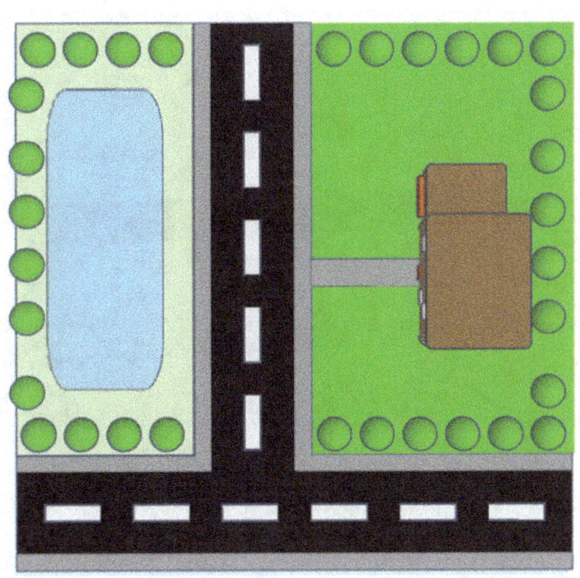

Per questo progetto, inizieremo con la strada e lavoreremo passo dopo passo per arrivare al modello finito. Per la prima parte della strada, creeremo un cuboide lungo 200 mm, alto 2 mm e largo 30 mm in un nuovo progetto utilizzando l'elemento "Box" di colore nero. Dovresti essere già in grado di farlo relativamente bene da solo.

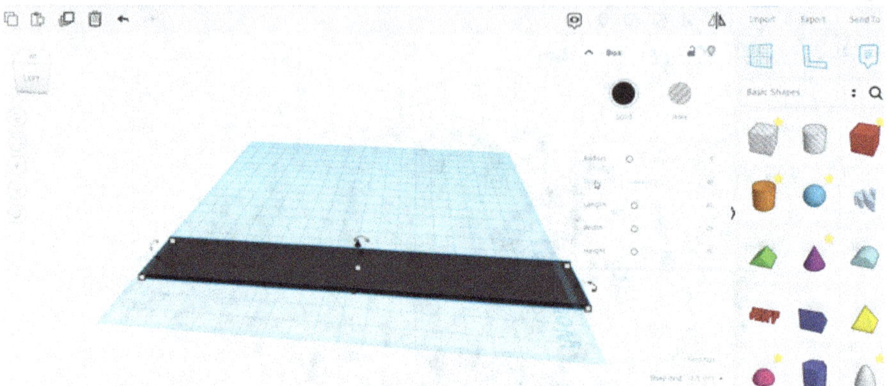

Duplichiamo questa parte utilizzando la funzione "Duplicate and repeat", spostiamola leggermente indietro e cambiamo la larghezza di uno dei due elementi in 6 mm. Cambiamo anche il colore in grigio. Questo sarà il bordo della strada.

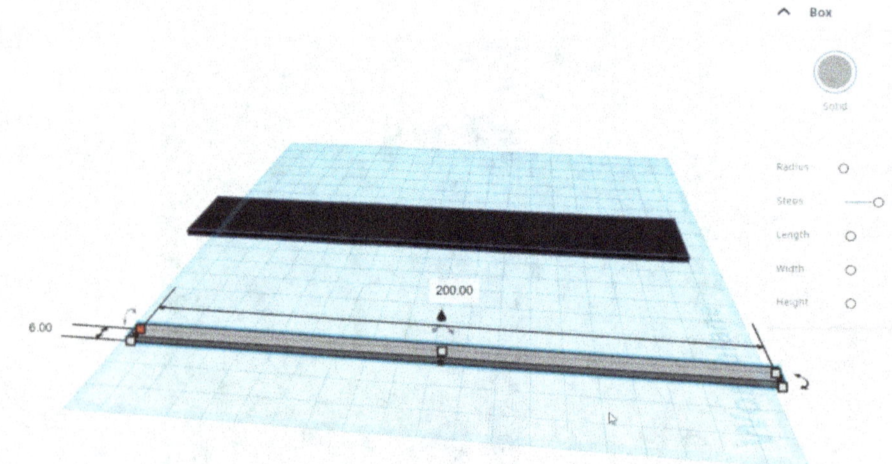

Duplichiamo nuovamente questa parte grigia, poiché vogliamo uno di questi bordi su ogni lato della strada. Possiamo anche spostare tutte e tre le parti un po' più vicine tra loro.

Il posizionamento corretto viene effettuato con la funzione "Workplane Tool". Selezioniamo lo strumento e facciamo clic sulla superficie laterale della strada. Quindi selezioniamo la parte grigia di confine e clicchiamo sul tasto "D" della nostra tastiera.

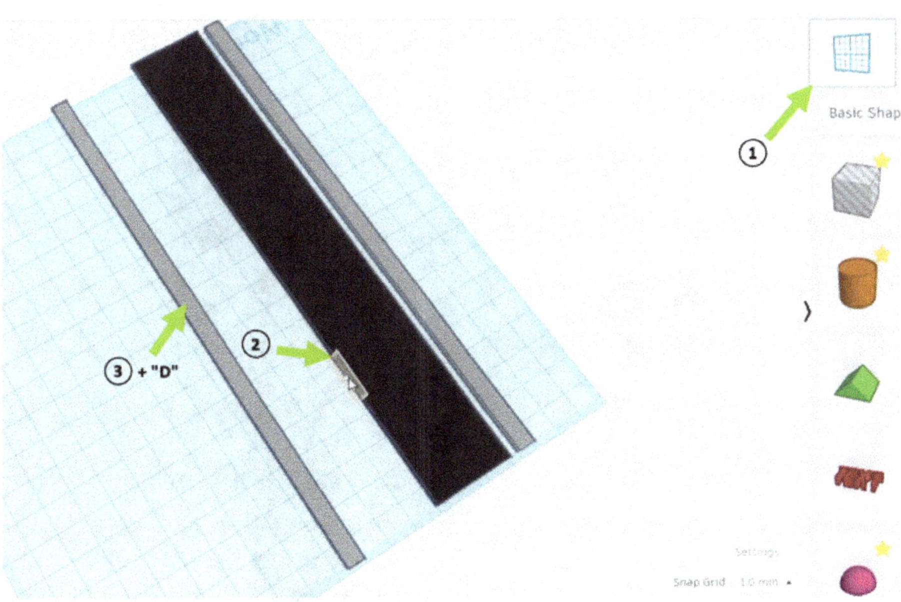

Procediamo allo stesso modo per il lato opposto. Per prima cosa clicca sul comando "Workplane Tool", poi seleziona la superficie laterale della strada e quindi seleziona la parte restante del contorno e premi il pulsante "D".

Poi duplichiamo la strada, cioè la parte nera, la ruotiamo di 90 gradi e la accorciamo di 150 mm per creare l'intersezione desiderata.

Poi accorciamo la striscia di bordo grigia a 100 mm in modo da poter collegare la parte girata all'altra strada.

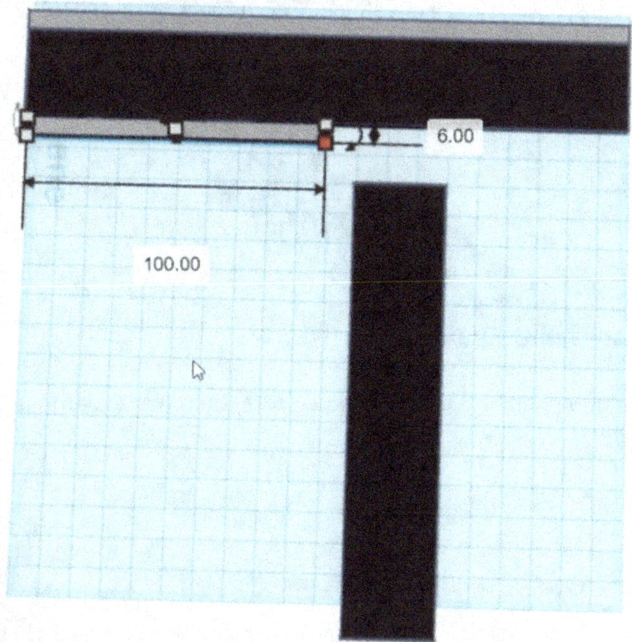

Per farlo, utilizziamo il comando "Workplane Tool" e usiamolo come di consueto in modo che l'intersezione venga creata come mostrato.

Poi duplichiamo il pezzo di confine accorciato e lo spostiamo sull'altro lato. Inoltre, modifichiamo la sua lunghezza a 70 mm e la posizioniamo con il comando "Workplane Tool" in modo che si collochi nel punto indicato.

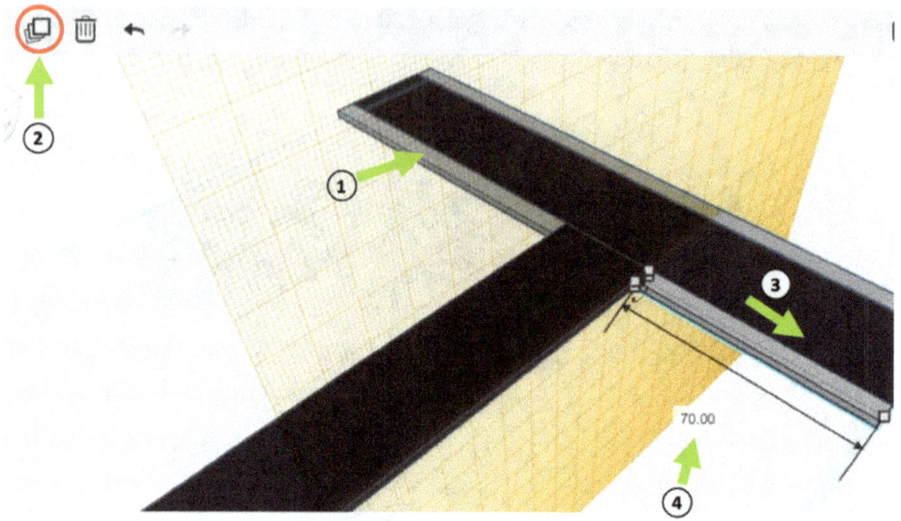

La strada adiacente è ancora un po' troppo corta, quindi cambiamo la lunghezza in 164 mm.

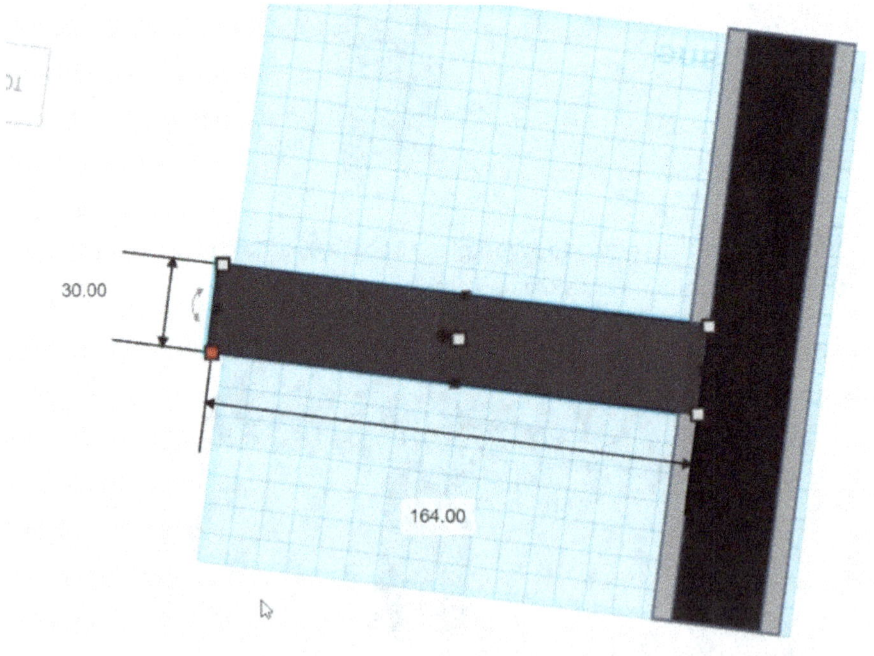

A questo punto servono di nuovo due strisce di bordo grigie. Sentiti libero di provare a farlo da solo, sono sicuro che ormai sei in grado di farlo.

È sufficiente duplicare la strada e poi modificare la larghezza e la forma, proprio come abbiamo fatto con la prima parte. Non devi necessariamente regolare la lunghezza, le strisce grigie del bordo possono sovrapporsi.

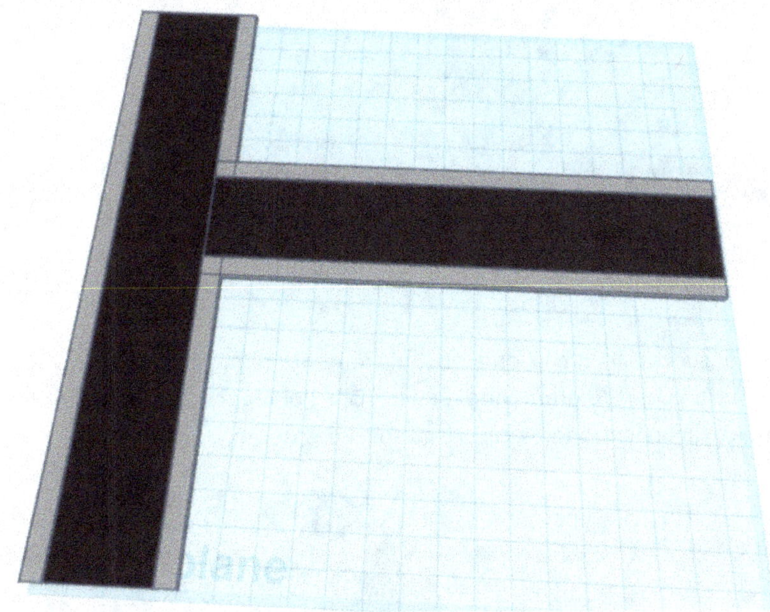

Poi creiamo delle strisce bianche per indicare la linea centrale della strada. Per farlo, posizioniamo un elemento "Box" ritagliato sopra la strada. La lunghezza di questo elemento deve essere di 21 mm, la larghezza di 6 mm e l'altezza di 2 mm. Poi duplichiamo questa parte per cinque volte e la spostiamo a distanza regolare in modo da ottenere l'aspetto mostrato. Inoltre, utilizziamo la funzione "Align" per posizionare le parti al centro della strada.

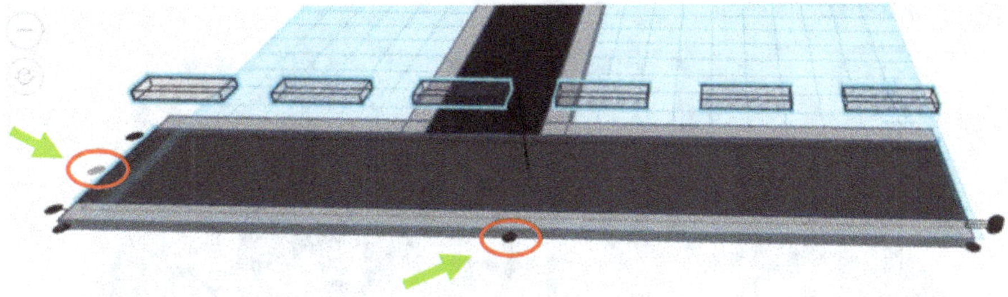

Poi duplichiamo queste parti e le spostiamo leggermente verso l'alto. Cambiamo anche la forma con l'impostazione "Solid" e diamogli un colore bianco.

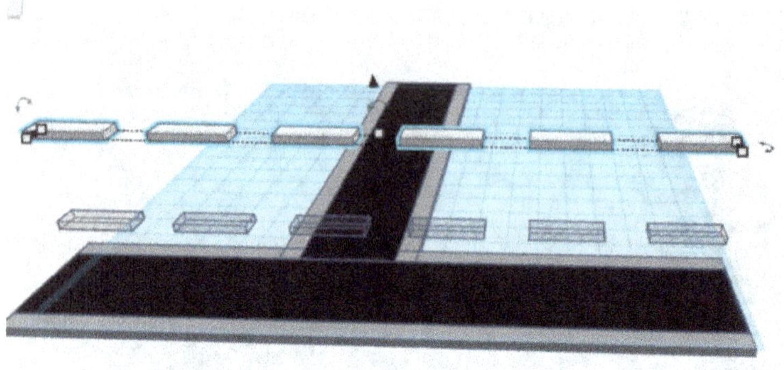

Nella fase successiva posizioniamo gli elementi di taglio sul piano di lavoro selezionando le parti e premendo il tasto "D". Poi raggruppiamo la strada con gli elementi di taglio in modo da creare gli spazi desiderati.

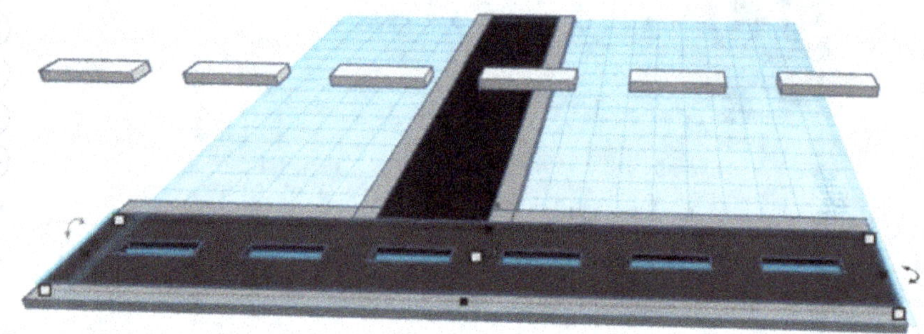

Dopo aver selezionato le strisce bianche, clicchiamo nuovamente sul pulsante "D" in modo da posizionare anche queste parti sul piano di lavoro e ottenere così la linea centrale della strada.

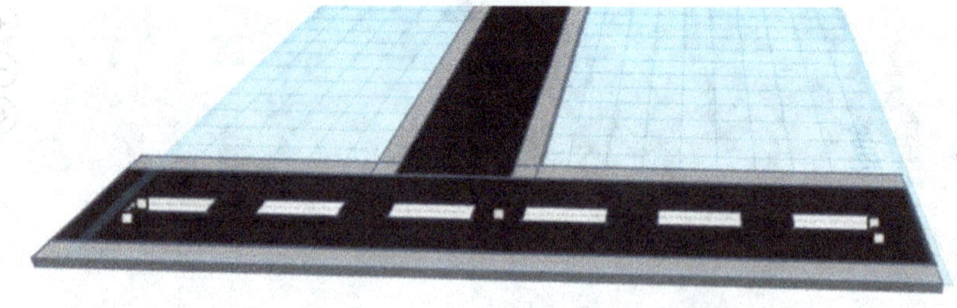

Poiché abbiamo bisogno di una linea centrale anche per l'altra parte della strada, duplichiamo la linea centrale, la spostiamo verso l'alto e la ruotiamo di 90 gradi.

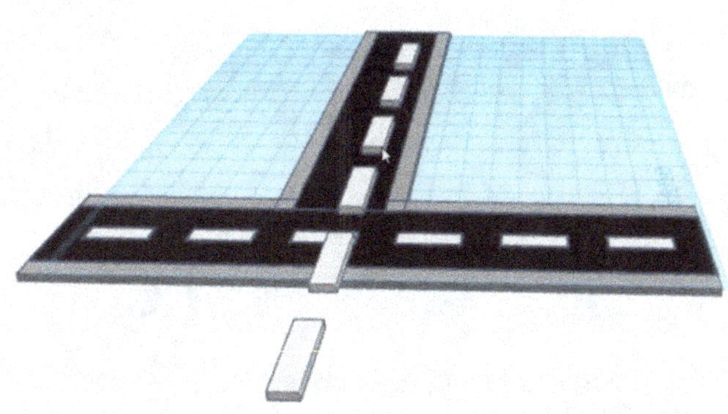

Poi eliminiamo una delle parti, dato che abbiamo bisogno solo di cinque elementi per l'altro lato della strada e cambiamo le forme con l'impostazione "Hole", dato che abbiamo bisogno di una sezione anche su questo lato. Inoltre, correggiamo la posizione con la funzione "Align" e un clic sui punti di allineamento indicati, in modo che le parti si collochino al centro della strada.

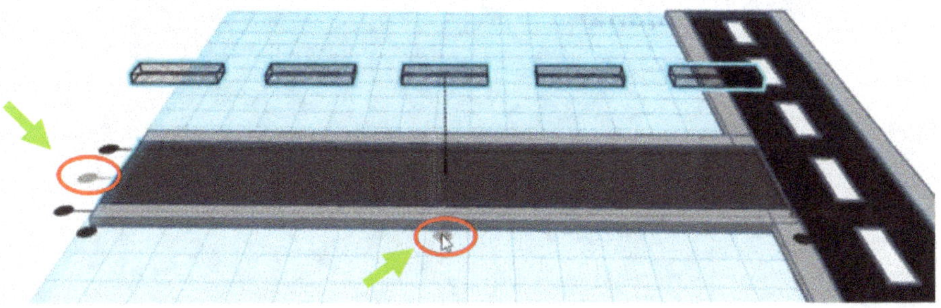

Quindi eseguiamo gli stessi passaggi di prima. Per prima cosa duplichiamo le parti, cambiamo la forma in "Solid" e il colore in bianco. Poi posizioniamo prima gli elementi di taglio e infine anche gli elementi bianchi sul nostro piano di lavoro premendo il pulsante "D" in ogni caso. Ovviamente dobbiamo anche raggruppare le parti in modo appropriato tra questi passaggi.

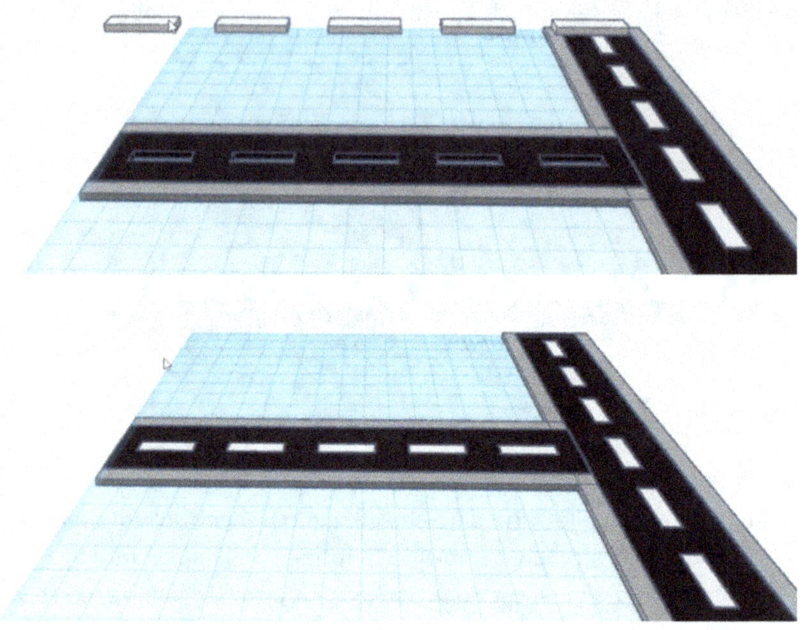

Infine, selezioniamo tutte le parti create finora e raggruppiamole. Successivamente dovrai selezionare nuovamente la casella "Multicolor" nelle impostazioni della parte. A questo punto possiamo posizionare l'intersezione al centro del piano di lavoro.

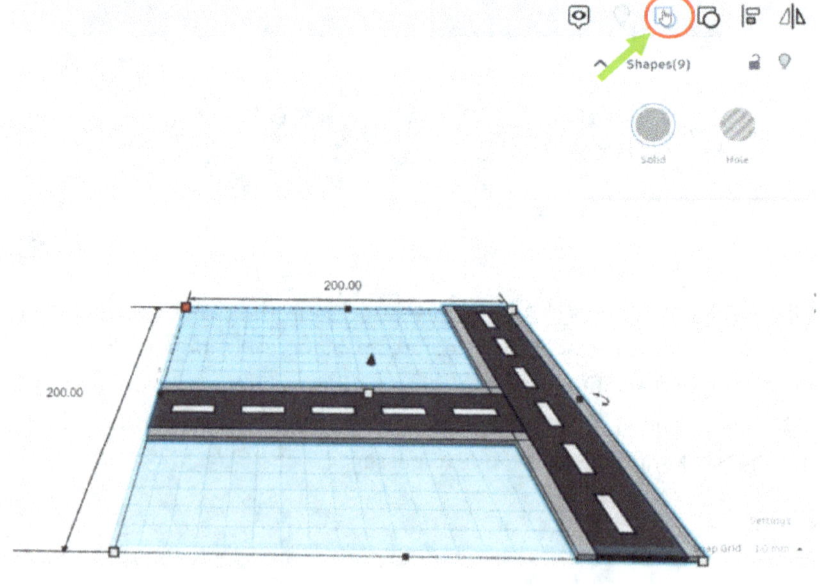

Poi ci occupiamo della creazione dello spazio verde. Iniziamo con l'area più piccola. Per quest'area creiamo una parte cuboide larga 64 mm, lunga 158 mm e alta 2 mm con l'elemento "Box". Posizioniamo questa parte - come al solito - con l'aiuto del comando "Workplane Tool" e la selezione delle superfici laterali corrispondenti. Per il colore della parte, scegliamo ad esempio una tonalità di verde chiaro.

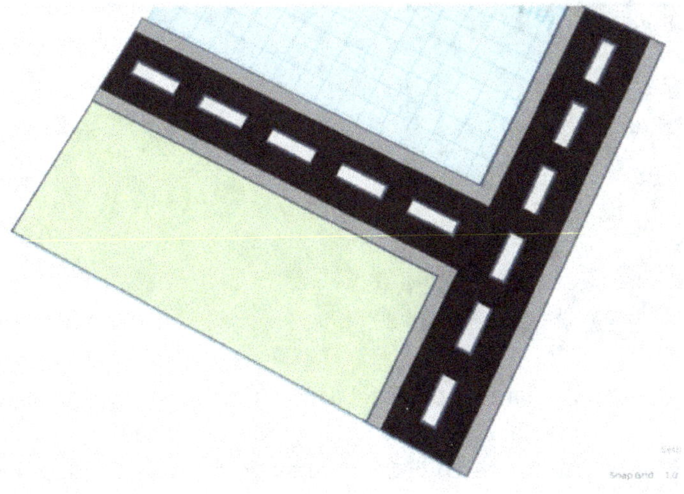

Per l'altro lato, duplichiamo semplicemente la parte appena creata e la spostiamo. Per assicurarci che sia correttamente adiacente alla strada, utilizziamo nuovamente il comando "Workplane Tool" e il pulsante "D" per il posizionamento finale. Dobbiamo anche modificare la larghezza, ad esempio a 93 mm.

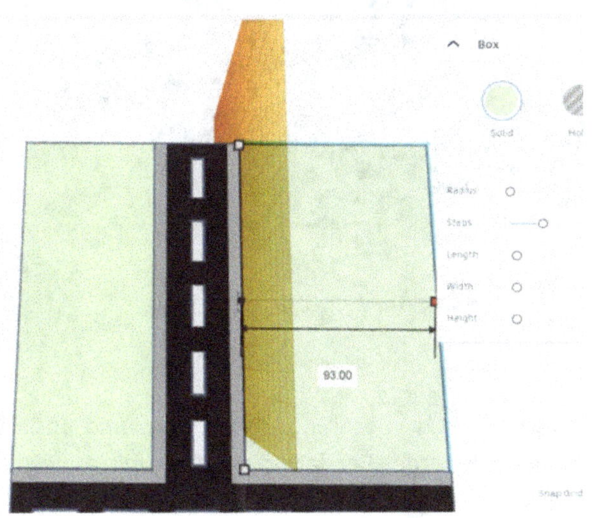

Se vuoi, puoi cambiare il colore con una tonalità di verde leggermente più forte.

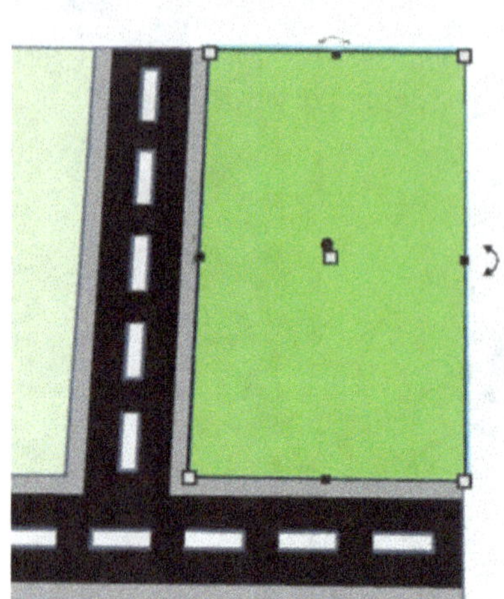
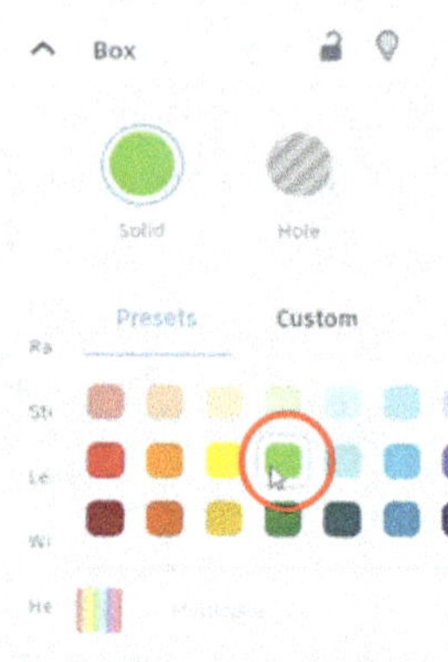

Successivamente creiamo la piscina. Lo facciamo di nuovo con un elemento "Box", a cui diamo un'altezza di 5 mm, una lunghezza di 110 mm e una larghezza di 42 mm. Inoltre, alziamo il pezzo di 1 mm in modo da avere una piccola distanza dal piano di lavoro. Dobbiamo fare in modo che la vasca non sia visibile quando si guarda il fondo dell'intero modello.

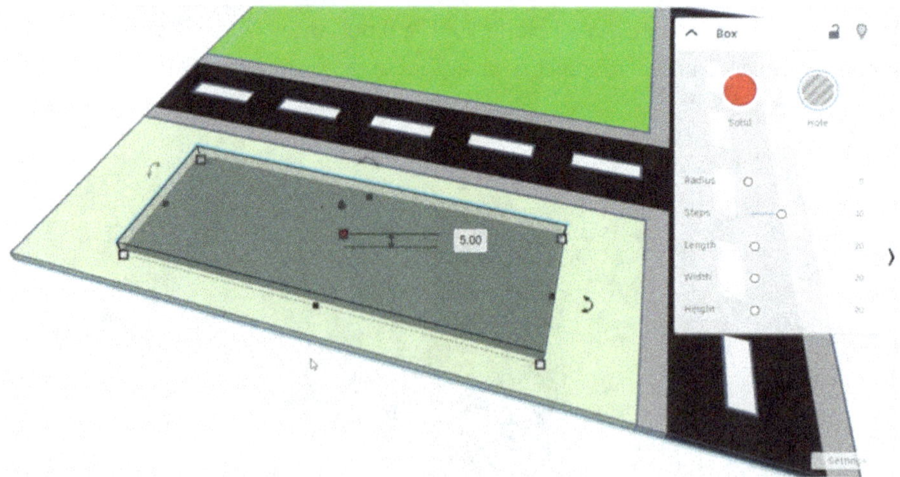

Dopo aver assegnato un raggio di 3,333 mm, possiamo posizionare il pezzo al centro della superficie verde. Per farlo, come al solito, utilizziamo la funzione "Align" e i punti di allineamento indicati.

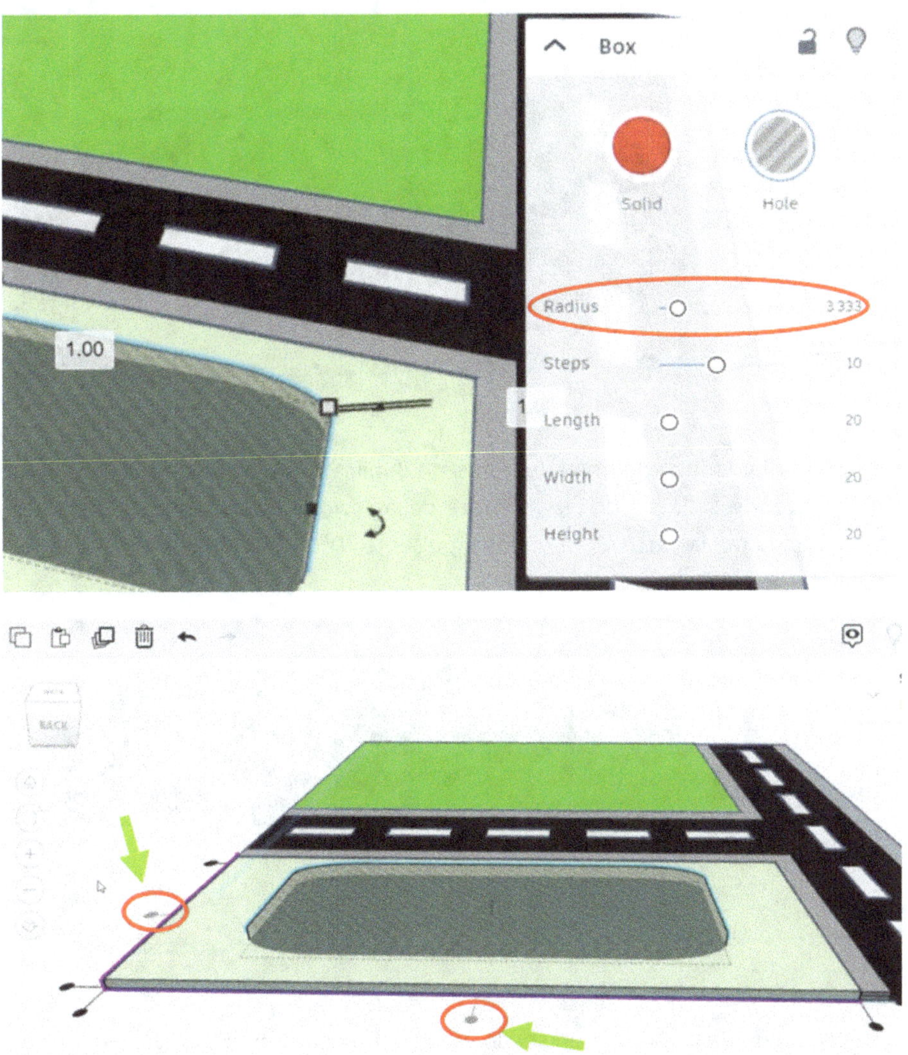

Poi procediamo in modo simile per le linee centrali delle due sezioni stradali. Per prima cosa duplichiamo la parte creata e la spostiamo leggermente verso l'alto. Poi raggruppiamo la parte originale con l'area verde in modo da creare una sezione.

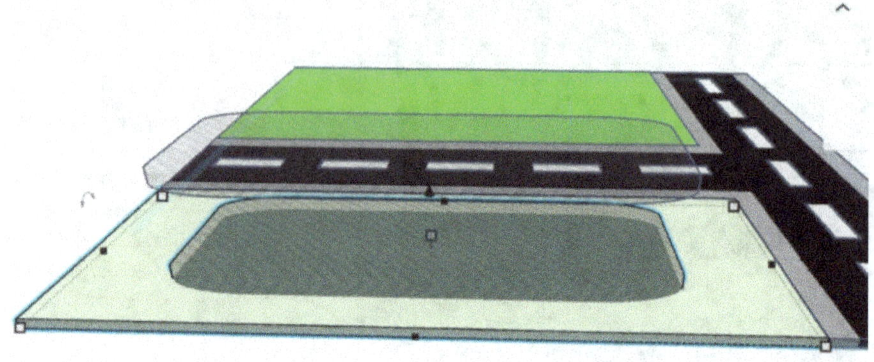

Poi posizioniamo la parte precedentemente duplicata con il comando "Workplane Tool" cliccando sulla superficie inferiore della sezione precedentemente creata, selezionando poi la parte e premendo il pulsante "D".

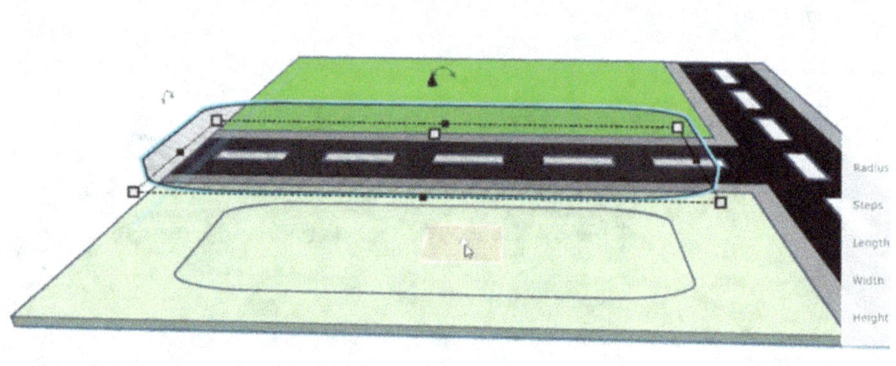

Cambiamo anche la parte in un solido azzurro (impostazione: "Solid") e riduciamo l'altezza a 1 mm in modo che sia piatta con la superficie verde.

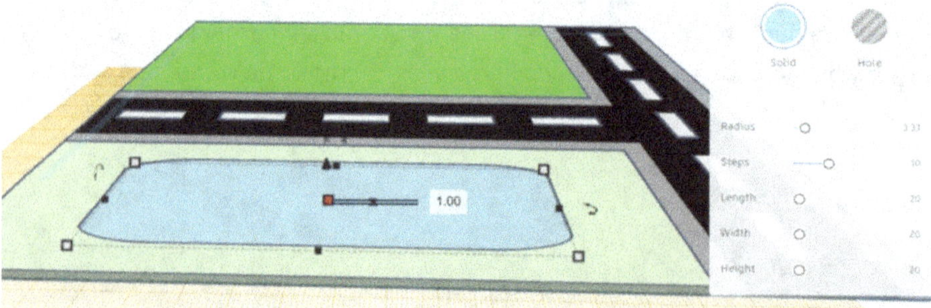

Ora possiamo creare la casa e il garage adiacente. Per farlo, inseriamo un elemento "Box" nello spazio verde opposto. La casa dovrebbe essere lunga 46 mm, larga 35 mm e alta 21 mm. Inoltre, arrotondiamo un po' gli angoli impostando un raggio di circa 1,7 mm nelle impostazioni.

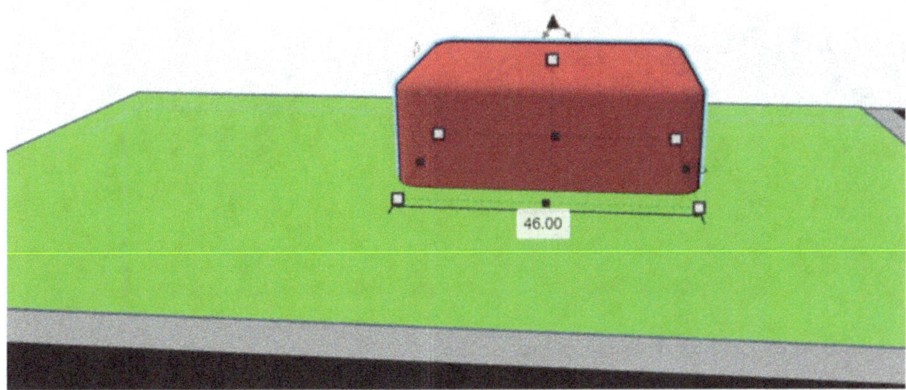

Per il garage, duplichiamo la parte creata e spostiamola nella posizione desiderata. Se necessario, puoi anche allinearlo alla casa utilizzando il comando "Align". Modifichiamo le dimensioni, ad esempio 15 mm per l'altezza, 30 mm per la lunghezza e 27 mm per la larghezza.

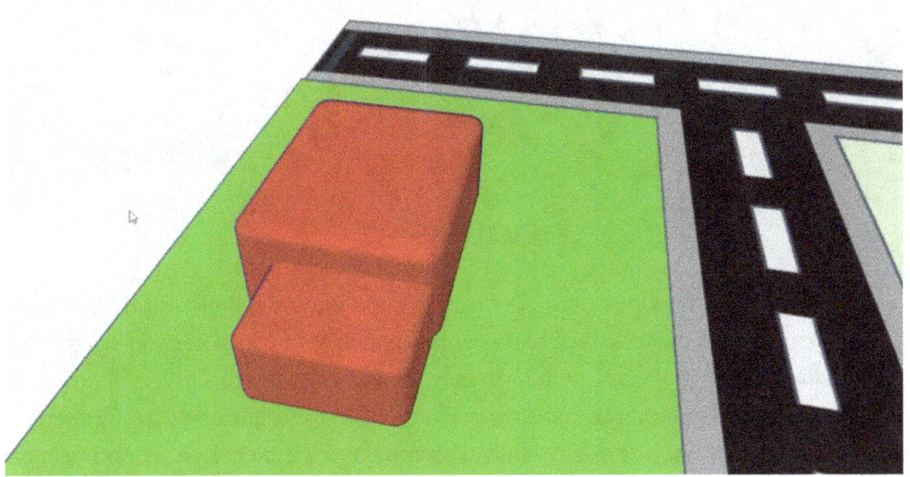

Possiamo anche cambiare il colore della casa e del garage.

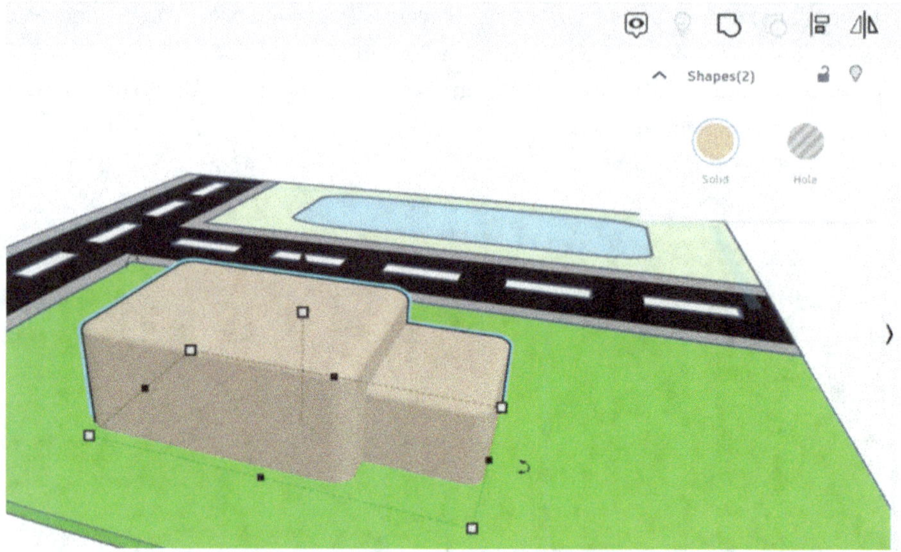

Per il tetto, inseriamo altri due elementi cuboidi, che poi coloreremo di marrone. Orientati con le dimensioni della casa e del garage. Utilizza il comando "Workplane Tool" per il posizionamento.

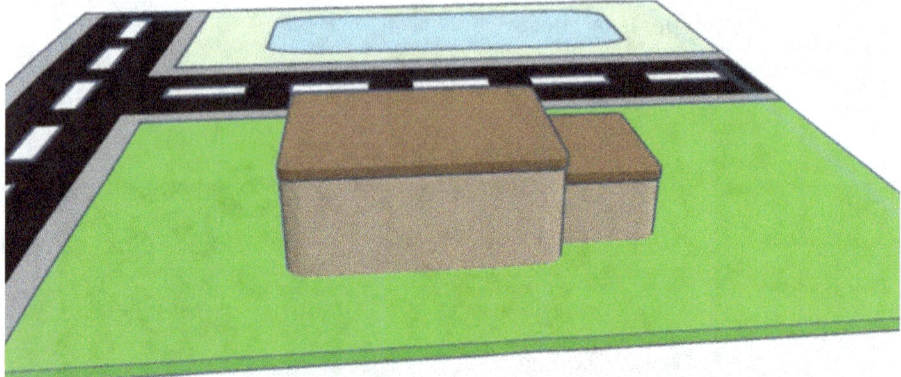

Poi creiamo la porta d'ingresso e le finestre con l'aiuto degli elementi "Box", che posizioniamo nella parte anteriore degli edifici - di fronte alla casa dalla piscina. Ma probabilmente sei già in grado di farlo da solo. Puoi anche scegliere le dimensioni, il colore e il posizionamento dei singoli elementi in base ai tuoi gusti. Puoi anche cambiare le dimensioni della casa se ti sembra troppo piccola o troppo grande. Gioca con le dimensioni e le posizioni fino a quando non ti sembrerà più gradevole! Il risultato potrebbe essere così, ad esempio.

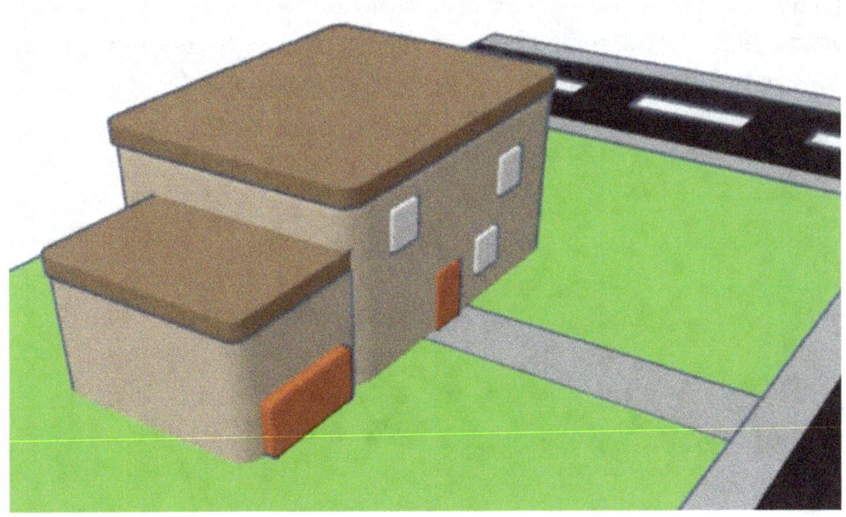

Avrai notato che in questo passaggio ho creato anche un passaggio per raggiungere la casa. Puoi semplicemente inserire un altro elemento "Box" e modificarlo in modo che appaia come mostrato.

Infine, vorremmo piantare, o meglio, posizionare alcuni alberi. Possiamo costruirli da soli oppure cercare nella libreria di "Tinkercad" il termine di ricerca "tree" e selezionare uno degli alberi visualizzati.

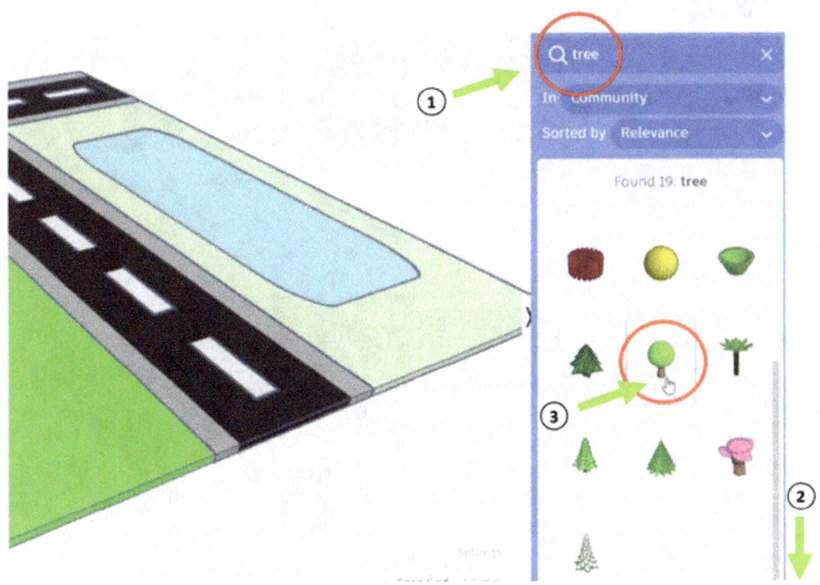

Ora puoi duplicare questo albero tutte le volte che vuoi. Puoi anche scegliere liberamente le dimensioni e il posizionamento degli alberi. Per farlo, usa come sempre le funzioni "Workplane Tool", "Duplicate and repeat" e "Align". I singoli passaggi potrebbero essere, ad esempio, i seguenti.

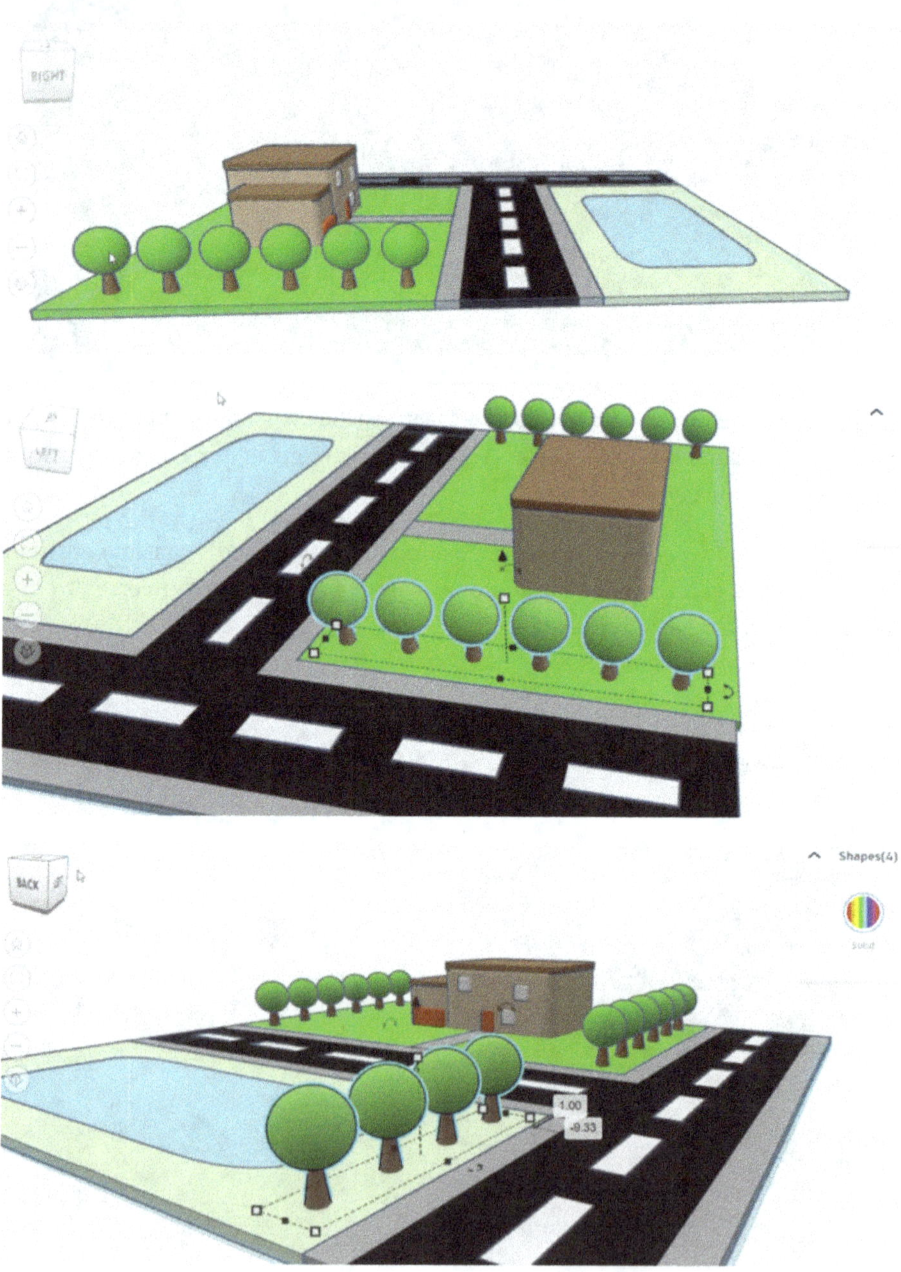

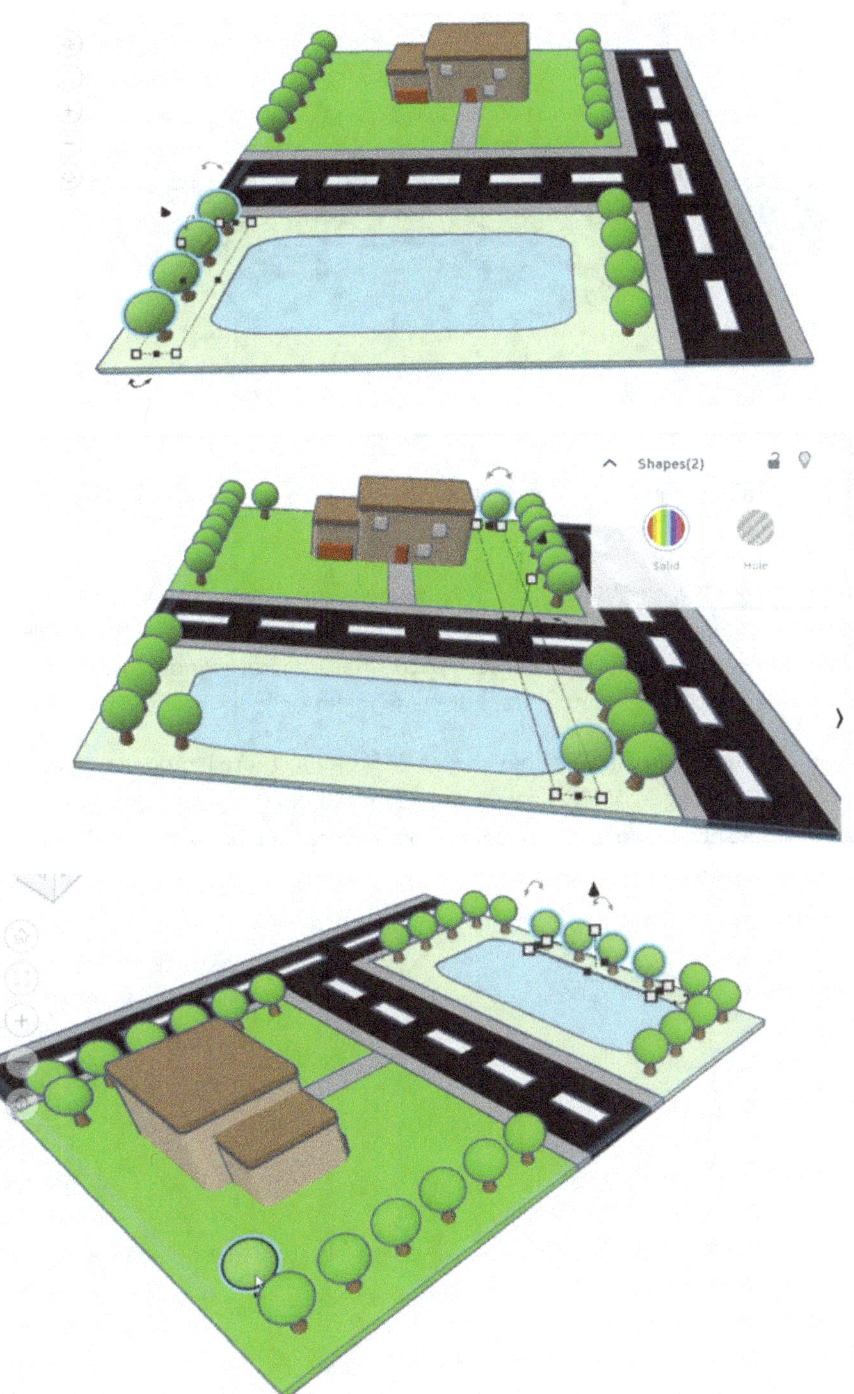

Shapes(2)
Solid
Hole

Perfetto! Ora abbiamo creato un bellissimo paesaggio con casa, giardino, strada, piscina e alberi.

Come avrai notato, in questo esempio i passaggi non sono stati così dettagliati come nei progetti precedenti. Questo ti aiuta a fidarti di più delle tue capacità e ad applicare in modo più indipendente ciò che hai imparato finora. L'utilizzo dei rispettivi elementi e strumenti è stato discusso in dettaglio nei progetti precedenti.

Tuttavia, va benissimo anche se hai ancora difficoltà a creare il modello. In questo caso, è meglio rileggere il libro dall'inizio. Se invece non hai avuto problemi, puoi attendere la seconda parte del corso con ancora più progetti da ricreare o addirittura creare i tuoi modelli!

Parole conclusive

Eccellente! Ce l'hai fatta, hai seguito il corso. È un risultato eccellente!

Insieme abbiamo costruito quattro grandi oggetti in questo corso, imparato nuove funzioni e approfondito quelle di base. Quindi abbiamo ottenuto un bel po' di risultati! Puoi essere giustamente orgoglioso di te stesso se sei arrivato a questa lezione! Congratulazioni!

Lo scopo di questo libro era quello di aiutarti a migliorare le tue abilità CAD in "Tinkercad" ricreando grandi modelli 3D passo dopo passo. Spero che questo libro abbia raggiunto il suo scopo e ti sia stato di grande aiuto.

Probabilmente ci sarà presto una seconda parte di questa prima parte, che avrà una struttura simile e tratterà altri oggetti da costruzione moderatamente difficili e molto complessi. Ti invito a dare un'occhiata alla mia pagina autore su "Amazon" di tanto in tanto per tenerti aggiornato.

Importante: se ti è piaciuto questo libro, sarei molto felice se mi lasciassi un voto e un breve commento e se raccomandassi il libro ad altri! **Grazie mille!**

E se vuoi anche sperimentare i tuoi oggetti di costruzione in 3D, dai un'occhiata alla stampa 3D. È molto divertente e offre molti vantaggi quando puoi materializzare le tue costruzioni. Il mio libro per principianti "Stampa 3D | passo dopo passo" ti aiuterà.

Se la costruzione in "Tinkercad" è troppo facile per te, allora puoi lavorare anche con "FreeCAD" o "Fusion 360". Questi programmi sono quasi equivalenti ai programmi CAD professionali utilizzati da ingegneri e tecnici. Ho anche scritto dei libri su questi programmi.

Naturalmente, puoi anche affrontare prima le altre aree, cioè l'elettronica e la programmazione in "Tinkercad", per questo ti consiglio il libro di base "Tinkercad | passo dopo passo" e poi il libro "Progetti Arduino con Tinkercad".

Dai un'occhiata alle pagine successive, dove troverai una panoramica di tutti i libri citati.

Libri su argomenti che potrebbero piacerti anche

Tutti i libri sono disponibili online sulle solite piattaforme di vendita. È meglio cercare semplicemente il titolo o sentirsi liberi di visitare la mia pagina dell'autore. Alcuni dei libri potrebbero non essere ancora stati pubblicati e appariranno o si troveranno presto. Dai un'occhiata ai libri di tua scelta e portali a casa come e-book o paperback!

Stampa 3D:

CAD, FEM, CAM:

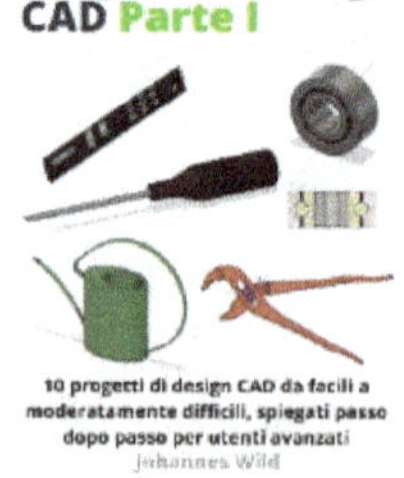

Elettrotecnica:

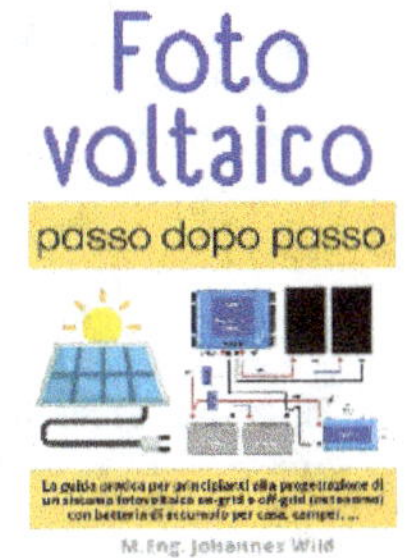

Programmazione e altri software:

Ci sono anche video corsi identici per alcuni di questi libri:

Fusion 360 Passo dopo Passo | CAD,FEM e CAM per principianti
La guida pratica per AUTODESK FUSION 360! Impara la progettazione, la simulazione, la produzione e altro da un ingegnere
M.Eng. Johannes Wild
4.6 ★★★★⯪ (31)
3.5 total hours • 24 lectures • Beginner
Bestseller

Stampa 3D | Una guida passo dopo passo
La guida pratica per principianti e utenti! Un corso per tutti, creato da un ingegnere!
M.Eng. Johannes Wild
4.0 ★★★★☆ (28)
1.5 total hours • 20 lectures • All Levels

Progettazione CAD per principianti | Impara da un ingegnere
La guida practica alla creazione di oggetti e modelli 3D con software di progettazione CAD gratuito per stampa 3D, ecc.
M.Eng. Johannes Wild
4.2 ★★★★☆ (6)
1.5 total hours • 15 lectures • All Levels

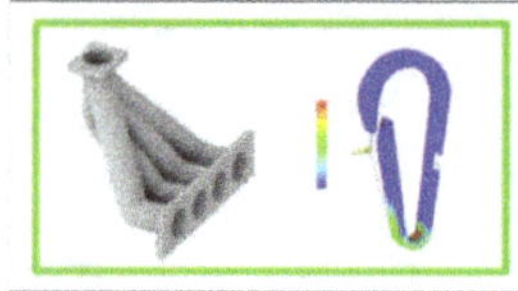

INVENTOR Passo dopo Passo | CAD & FEM per principianti
La guida pratica per AUTODESK INVENTOR! Impara la progettazione CAD, la simulazione FEM e altro da un ingegnere
M.Eng. Johannes Wild
4.2 ★★★★☆ (7)
3.5 total hours • 20 lectures • Beginner

...

Per l'acquisto puoi scegliere tra la piattaforma di apprendimento "Udemy":

Cerca il mio nome su www.udemy.com:

M.Eng. Johannes Wild o usa il seguente link:

www.udemy.com/courses/search/?src=ukw&q=m.eng.+johannes+wild

Iscriviti oggi e approfondisci le tue conoscenze!

Impronta dell'autore/editore

© 2023

Johannes Wild
c/o RA Matutis
Berliner Straße 57
14467 Potsdam
Germany

E-mail: 3dtech@gmx.de

Questo lavoro è protetto da copyright

L'opera, comprese le sue parti, è protetta da copyright. Qualsiasi uso al di fuori degli stretti limiti della legge sul copyright non è permesso senza il consenso dell'autore. Questo si applica in particolare alla riproduzione elettronica o di altro tipo, alla traduzione, alla distribuzione e alla messa a disposizione del pubblico. Nessuna parte del lavoro può essere riprodotta, elaborata o distribuita senza il permesso scritto dell'autore!

Tutte le informazioni contenute in questo libro sono state compilate al meglio delle nostre conoscenze e controllate attentamente. Tuttavia, questo libro è solo a scopo educativo e non costituisce una raccomandazione di azione. In particolare, nessuna garanzia o responsabilità viene data dall'autore e dall'editore per l'uso o il non uso di qualsiasi informazione in questo libro. I marchi e i nomi comuni citati in questo libro rimangono di proprietà esclusiva dei rispettivi autori o titolari dei diritti.